古文攻略

古典文法基礎固め

まずは用言の活用と助詞から始めよう！

皆藤俊司／編著

はしがき

「文法」と聞いて良いイメージを思い浮かべる方は多くはないでしょう。とりわけ、日本語特有の「活用」には、多くの方が顔をしかめるはずです。しかし、古文の学習では活用形の用法を理解することが文法の基礎。いわば、掛け算の九九のようなものといえます。その基本となる用言の活用パターンは、わずか十三種類です。

本書では、用言とともに助詞を取り上げました。助詞は、自立語との関係において、よくボタンと洋服に例えられます。ボタンはそれだけでは用をなしませんが、洋服のしかるべきところに取り付けられることによって、洋服の機能を十分に発揮させることができるのです。自立語も助詞と結びつくことによってその機能を発揮することができ、それによって助詞自身も生きることになります。助詞と自立語は、そのような関係にあります。

本書では、解釈につながる古文学習を目指して、用言と助詞の重要ポイントを中心とした攻略を目指しています。そのため問題文を含め、すべての例文に現代語訳を付し、随所に「チェックテスト」「練習問題」を設けて実践的な理解につながるようにしました。本書での学習が、あなたに古文を身近なものと感じさせるものとなることを願っています。

なお、「用言」「助詞」のほか、古文学習の必須項目として「助動詞」と「敬語」があります。こちらは本書の姉妹編、『助動詞がわかれば古文は読める！』『敬語がわかれば古文は完璧！』をご活用ください。古文が俄然身近なものとなること、請け合いです。

もくじ

古典文法入門編

1 古文の特徴

●「なんとなくわかる……」が、落とし穴

「今は昔、竹取の翁《おきな》といふ者ありけり。野山にまじりて竹を取りつつ、よろづのことに使ひけり。名をば、さかきの造《みやつこ》となむいひける。」

これは、『源氏物語』に「物語のいでき始めの祖《おや》」といわれ、九世紀末に成立したとされる『竹取物語』の冒頭部分です。千年以上も前の文章なのですが、現代の文章と大きな違いはないと感じる方が多いのではないでしょうか。そうなのです。古文は外国語ではありませんから、現代語に置き換えることはそれほど難しいことではありません。しかし、注意しなければならないことは、まさしくこの点なのです。現代語とそれほど違いがないからこそ、なんとなくわかったような気になります。なんとなくわかるから、本気でやってみようとしなくなります。そしてその結果が、「古文は難しい、苦手だ」ということになりがちなのです。

先の文章をよく見てみると、現代語とは異なる仮名遣いや言葉が用いられていることに気づくでしょう。例えば仮名遣いでは、現代語ならば「いう」「使い」と書くところを、古文では「いふ」や「使ひ」と書いてあります。これは平安時代の仮名遣いをもとにしたもので「歴史的仮名遣い」といわれるものです。また、「翁」や「よろづ」という言葉はすでに現代語では使われなくなっていますし、「けり」という助動詞、「なむ」という助詞も古文特有の表現です。

古文の特徴として、このような仮名遣いや現代語にはない言葉や文法の違いなどがあります。これらの違いをきちんと押さえることが古文の力を身につける第一歩となります。

つまり、古文を勉強するには、「おなじ日本語だから……」という考えを排して、外国語を学習するのと同様の気持ちで立ち向かうことが大切なのです。

学習のポイント

・古文と現代語の異なる点
①仮名遣いの違い　②言葉の違い　③文法の違い

2　古文の仮名遣い

●ヤ行は「や　ゆ　よ」ではない！

古文学習では、まず歴史的仮名遣いの五十音図を確実に覚えることが大切です。五十音図は縦（＝行）に同子音が並び、横（＝段）に同母音が並んでいますが、古典文法はこの五十音図を利用して説明されることが多いからです。

古文の用言（動詞・形容詞・形容動詞）や助動詞の活用は、五十音図の同じ行の中で行われるのが原則です。その中で、特に注意しなければならないのがヤ行とワ行です。みなさんが小学校に入学以来学んできた現代仮名遣いでは、「ゐ」や「ゑ」の仮名は使いませんし、ワ行の「う」はア行の「う」と同じ、ヤ行の「い」「え」もア行の「い」「え」と同じということで、それを省いた五十音図で覚えている方が多いことでしょう。

しかし、歴史的仮名遣いにおいてはヤ行は「や○ゆ○よ」ではありませんし、ワ行は「わ○○○を」ではありません。例えば「上二段活用」とは、「ア・イ・ウ・エ・オ」の中央のウ段を起点として、「上の二段」、すなわち「イ・ウ」の二段で活用する語をいいます。ですから、「や○ゆ○よ」のような覚え方では、「老《お》ゆ・悔《く》ゆ・報《むく》ゆ」がヤ行上二段活用の動詞といわれてもわけがわかりませんし、同じように、「植《う》う・飢《う》う・据《す》う」がワ行下二段活用の動詞だと説明されても、「わ○○○を」のような覚え方では意味をなさないわけです。したがって、

ヤ行→　やいゆえよ　ヤイユエヨ

ワ行→　わゐうゑを　ワヰウヱヲ

という歴史的仮名遣いでの五十音図を、しっかりと覚えておく必要があります。このことが、後の学習で活用の行の違いを理解することに反映してきます。

ちなみに、ワ行の「ゐ」は漢字「為」の草書体からできたので四角をイメージしながら、「ゑ」は「恵」からできたので三角をイメージしながら書くと、整った形で書けるといいます。また、カタカナでは、それぞれ「ヰ」「ヱ」と書くことも覚えておきましょう。

学習のポイント

・用言や助動詞における活用の主な部分は、五十音図の同じ行に属する。
・五十音図の「や・い・ゆ・え・よ」「わ・ゐ・う・ゑ・を」には要注意。

●五十音図

	ア段	イ段	ウ段	エ段	オ段
ア行	あ	い	う	え	お
カ行	か	き	く	け	こ
サ行	さ	し	す	せ	そ
タ行	た	ち	つ	て	と
ナ行	な	に	ぬ	ね	の
ハ行	は	ひ	ふ	へ	ほ
マ行	ま	み	む	め	も
ヤ行	**や**	**い**	**ゆ**	**え**	**よ**
ラ行	ら	り	る	れ	ろ
ワ行	**わ**	**ゐ**	**う**	**ゑ**	**を**

【チェックテスト】

問　次の五十音図の行を、歴史的仮名遣いのひらがなで記しなさい。

ア行（　　）（　　）（　　）（　　）（　　）
ハ行（　　）（　　）（　　）（　　）（　　）
ヤ行（　　）（　　）（　　）（　　）（　　）
ワ行（　　）（　　）（　　）（　　）（　　）

【チェックテスト解答】

ア行（あ）（い）（う）（え）（お）
ハ行（は）（ひ）（ふ）（へ）（ほ）
ヤ行（や）（い）（ゆ）（え）（よ）
ワ行（わ）（ゐ）（う）（ゑ）（を）

3　古文の読み方

●「てふてふ」が、なぜ「チョーチョー」になるの？

古文の文章を読むとき、私たちは歴史的仮名遣いで書かれている文字からその語を読み取り、その語にあたる現代の発音で読むという手順をとっています。例えば「にほひ」とあれば、それが「匂ひ」を意味する語にあたると読み取り、現代では「匂ひ」を「におい」というところから「ニオイ」と発音することになります。

実に面倒な行程を経て文章を読んでいることになるのですが、私たちはそれをいちいち意識して読んでいてはたいへんです。時代を経て変遷してきた発音がどのように変化してきたのか、その原則を知ると古文がスムースに読めますし、身近に感じられるようになります。まずは、歴史的仮名遣いの読み方の原則を覚えておきましょう。

●歴史的仮名遣いの読み方

原則1　単語の頭以外の「は・ひ・ふ・へ・ほ」は「ワ・イ・ウ・エ・オ」と発音する。

おはする→オワスル　使ひ→ツカイ　笑ふ→ワラウ　いへ（家）→イエ　しほ（潮）→シオ

原則2　二つの母音が重なる場合は長音で発音する。

①「アウ」は「オー」となる。（au→ō）　あうむ（鸚鵡）→オーム（aumu→ōmu）

②「イウ」は「ユー」となる。（iu→yū）　いうげん（幽玄）→ユーゲン（iugen→yūgen）

③「エウ」は「ヨー」となる。（eu→yō）　てうど（調度）→チョード（teudo→tyōdo）

④「オウ」は「オー」となる。（ou→ō）　ようい（用意）→ヨーイ（youi→yōi）

この原則に従えば、例えば「たまふ（給ふ）」は、原則1によって「ふ」が「ウ」と発音され、次に原則2の①によって「タマウ」が「タモー」となります。

たまふ（給ふ）→タマウ→タモー

（tamahu→tamau→tamō）

また、古文では「蝶」は「てふ」と書かれます。「てふ」がなぜ「チョー」と発音されるのか不思議に思う方も多いかもしれませんが、これも原則1によって「ふ」が「ウ」と発音され、さらに原則2の③によって「テウ」が「チョー」となることがわかれば、疑問は解消します。「けふ（今日）」が「キョー」、「あふみ（淡海）」が「オーミ」となり、「せうと（兄人）」が「ショート」となるのも、これとまた同じことなのです。

てふ（蝶）→テウ→チョー　（tehu→teu→tyō）

けふ（今日）→ケウ→キョー　（kehu→keu→kyō）

あふみ（淡海）→アウミ→オーミ　（ahumi→aumi→ōmi）

せうと（兄人）→ショート　（seuto→syōto）

【チェックテスト】

問一　次の語の読みを現代仮名遣いで答えなさい。

1　てうづ（手水）→（　　　）　2　あふぎ（扇）→（　　　）

3　いうなり（優なり）→（　　　）　4　ひとごゑ（人声）→（　　　）

5　かはづ（蛙）→（　　　）　6　いへぢ（家路）→（　　　）

7　かうし（格子）→（　　　）　8　えうじ（要事）→（　　　）

問二　次の文の傍線部の読みを現代仮名遣いで答えなさい。

1　今は昔、小野篁《おののたかむら》といふ人おはしけり。（宇治拾遺物語・三ノ一七）

2　三寸ばかりなる人、いとうつくしうてゐたり。（竹取物語・かぐや姫の生ひ立ち）

【チェックテスト解答・訳】

問一　1　ちょうず　2　おうぎ　3　ゆうなり　4　ひとごえ　5　かわず　6　いえじ　7　こうし　8　ようじ

問二　1　いうひとおわしけり　2　いとうつくしゅうていたり

1　今となっては昔のことであるが、小野篁という人がいらっしゃった。

2　三寸（＝約九センチメートル）くらいの人が、たいへんかわいらしい姿ですわっている。

4 「活用する」ということ

(1) 語幹・語尾・活用形

私たちがふだん使う言葉、例えば「思う」という動詞について考えてみましょう。辞書に載っている基本形は「思う」という形ですが、日常会話では「思わない」とか「思います」「思えば」など、いろいろな形に変化します。

「活用」とは語形が変化することで、ある言葉の下に別の言葉がついたとき、その言葉の形が変わることを「活用する」といい、変わらないことを「活用しない」といいます。

現代語の動詞「思う」は、古文では「思ふ」と表記し、次のように変化します。

「思ふ」＋「ず」→「思**は**ず」
「思ふ」＋「たり」→「思**ひ**たり」
「思ふ」＋「とき」→「思**ふ**とき」
「思ふ」＋「ば」→「思**へ**ば」

「思」のように活用しても変化しない部分を「語幹」といい、「は」「ひ」「ふ」「へ」のように変化する部分を「活用語尾」といいます。一般に、活用表の欄内に書かれるのは活用語尾のみです。また、語幹に活用語尾のついた形（「思は」「思ひ」「思ふ」「思へ」など）の一つ一つを「活用形」といいます。

動詞・形容詞・形容動詞、および付属語の助動詞には、この「活用」という働きがあります。種類も多く、実にめんどうなものに感じられますが、古文の学習をする際には避けては通れません。

(2) 活用形の見分け方

活用する形について、古文の場合は、未然形・連用形・終止形・連体形・已然形・命令形の六つのパターンで活用表が作成されます。活用語がどの活用形となって文中に現れるかは、下に続く語によって決まります。逆に、下に続く主な語を覚えておけば、上の語の活用形が見分けられることになります。

未然形…「ず」「む」につながる形。
連用形…「たり」「て」につながる形。

終止形…言い切る形。辞書に載っている形で基本形ともいう。
連体形…「時」「こと」につながる形。
已然形…「ども」「ば」につながる形。
命令形…命令で言い切る形。

基本形	語幹	未然形	連用形	終止形	連体形	已然形	命令形
思ふ	思	は	ひ	ふ	ふ	へ	へ
下に続く主な語		ず・む	たり・て	(言い切る)	時・こと	ども・ば	(命令で言い切る)

学習のポイント

・活用する語は、動詞・形容詞・形容動詞と助動詞。
・活用形は、下に続く主な語を覚えておけば見分けることができる。

【チェックテスト】

問　次の傍線部の活用形を答えなさい。

1　この国の王の后《きさき》の兄《せうと》にてある人ありけり。(閑居友《かんきょのとも》・下ノ六)
2　これ手本にせよ。(更級日記・梅の立枝《たちえ》)
3　足ずりをして泣けどもかひなし。(伊勢物語・六)
4　この児《ちご》、心よせに聞きけり。(宇治拾遺物語・一ノ一二)
5　京には見えぬ鳥なれば、みな人見知らず。(伊勢物語・九)
6　炎にまぐれて、たちまちに死ぬ。(方丈記・二)

【チェックテスト解答・訳】

1　連体形　2　命令形
3　已然形　4　連用形
5　未然形　6　終止形

1　この国の王の后の兄である人がいた。
2　これを手本にしなさい。
3　じだんだを踏んで泣くけれどもどうしようもない。
4　この児は、期待して聞いた。
5　都の京では見られない鳥なので、みなだれも見知っていない。
6　炎にまかれて、あっという間に死ぬ。

用言編

用言とは「活用する言葉」という意味で、自立語（実質的な意味を持ち、単独で文節となることができる語）で活用があり、それだけで述語になることができる語をいいます。用言に属する品詞には、動詞・形容詞・形容動詞があります。

動詞………ウ段音で言い切る（ラ変動詞のみ「り」で言い切る）。

形容詞……「し」で言い切る。

形容動詞…「なり」「たり」で言い切る。

古文の学習において、用言の学習は最も大切な基本となります。用言の活用を覚えれば、助動詞の活用も楽に覚えられるようになります。用言の活用パターンはわずか十三種類です。繰り返し唱えて、完全に暗記してしまいましょう。

1 動詞

●古文動詞における活用の種類

動詞は動作・状態・作用を時間的に変化するものとして捉える言葉です。古文動詞の活用の種類は次の九種類。カギカッコ内は「未然・連用・終止・連体・已然・命令」順の活用パターンです（語数の多い1～4の四つの活用は母音をカタカナで表記しています）。

1 四段活用　「ア・イ・ウ・ウ・エ・エ」
2 上《かみ》二段活用　「イ・イ・ウ・ウる・ウれ・イよ」
3 下《しも》二段活用　「エ・エ・ウ・ウる・ウれ・エよ」
4 上一段活用　「イ・イ・イる・イる・イれ・イよ」
5 下一段活用　「け・け・ける・ける・けれ・けよ」
6 ナ行変格活用　「な・に・ぬ・ぬる・ぬれ・ね」
7 ラ行変格活用　「ら・り・り・る・れ・れ」
8 カ行変格活用　「こ・き・く・くる・くれ・こ／こよ」
9 サ行変格活用　「せ・し・す・する・すれ・せよ」

動詞の活用のうち、規則的に変化する活用の形式を「正格活用」といいます。四段・上二段・上一段・下二段・下一段の五つが正格活用です。これに対して、不規則に変化する活用の形式を「変格活用」といいます。古文では、ナ行変格活用・ラ行変格活用・カ行変格活用・サ行変格活用の四つがあります。

ところで、この「四段」や「上二段」などは何を意味しているのかと疑問に思う人もい

●現代語と古文の動詞の種類

現代語の動詞は、五段・上一段・下一段・カ変・サ変の五種類ですが、古文ではこれに、ナ変・ラ変・上二段・下二段の四種類が加わって九種類となります。

（古文）	（現代語）
四段	五段
ナ変	五段
ラ変	五段
下一段	五段
上二段	上一段
上一段	上一段
下二段	下一段
カ変	カ変
サ変	サ変

ることでしょう。それは、活用する際にア・イ・ウ・エ・オのどの母音の段を使う活用なのかを表しているのです。例えば四段活用は「ア・イ・ウ・エ」の四段を使うため、「四段活用」といいますし、上二段活用でしたらア・イ・ウ・エ・オの中央の「ウ」を基準に考えて上の二段、すなわち「イ・ウ」を使うので「上二段活用」といいます。

「動詞は活用の種類も多いし、数も多くて覚えるのが大変だ！」と早くも恐れをなしている方がいるかもしれませんね。でも実は、動詞の多くは四段活用か上二段活用、下二段活用に属します。それ以外の六つの活用（上一段・下一段・ナ変・ラ変・カ変・サ変）に属する語は数が少ないので、まずこちらから覚えるようにします。

なお、ナ変・カ変・サ変の三つ（サカナ変）は下二段活用の変形と考えると覚えやすいでしょう。

●動詞の活用の見分け方

①まず最初に、数の少ない変格活用を暗記してしまいます。

・ナ変→「死ぬ・往《い》（去）ぬ」の二語のみ。
・ラ変→「あり・居《を》り・侍《はべ》り・いまそかり」の四語のみ。
・カ変→「来《く》」一語のみ。
・サ変→「す・おはす」の二語。およびその複合語（「枕す・念ず」など）。

②次に一段活用を暗記します。

・上一段→「着る・見る・似る・煮る・射《い》る・沃《い》る・鋳《い》る・居《ゐ》る・率《ゐ》る・干《ひ》る」の十語。
・下一段→「蹴《け》る」一語のみ。

③最後に、数の多い四段・上二段・下二段動詞は、打消の助動詞「ず」をつけてみて、次

のように判断します。

・ア段の音につけば↓四段。（「思はず」など）
・イ段の音につけば↓上二段。（「起きず」など）
・エ段の音につけば↓下二段。（「寄せず」など）

【チェックテスト】

問　次の動詞の活用の種類を答えなさい。

1　往《い》ぬ（　　　）　2　過《あやま》つ（　　　）
3　来（　　　）　4　蹴る（　　　）
5　居《ゐ》る（　　　）　6　老《お》ゆ（　　　）
7　をり（　　　）　8　す（　　　）
9　出《い》づ（　　　）

(1)　四段活用

四段活用の動詞は、五十音図のア・イ・ウ・エの四段にわたって活用し、活用語尾の母音が「ア・イ・ウ・ウ・エ・エ」と変化します。行によって子音は違いますが、母音は共通しますので、一つ覚えてしまえばどの行の動詞にも応用できます。

基本形	語幹	未然形	連用形	終止形	連体形	已然形	命令形
言ふ	言	は	ひ	ふ	ふ	へ	へ
下に続く主な語		ず・む	たり・て	（言い切る）	時・こと	ども・ば	（命令で言い切る）

【チェックテスト解答】

1　ナ行変格活用
2　タ行四段活用
3　カ行変格活用
4　カ行下一段活用
5　ワ行上一段活用
6　ヤ行上二段活用
7　ラ行変格活用
8　サ行変格活用
9　ダ行下二段活用

【未然】1　（女は）いみじう心憂けれど、念じてものも言はず。（堤中納言物語・はい墨）
【連用】2　いとうやうやしく言ひたりしこそ、いみじく覚えしか。（徒然草・六七）
【終止】3　それをすみだ河といふ。（伊勢物語・八）
【連体】4　とかく世の中にいふことありければ、（大和物語・四三）
【已然】5　したり顔に物なれて言へるかなと、（源氏物語・夕顔）
【命令】6　「本言へ」と仰せらるるも、いとをかし。（枕草子・五月《さつき》の御精進《みさうじ》のほど）

☝学習のポイント

①活用語尾が「ア・イ・ウ・ウ・エ・エ」となるのは、四段活用。
②四段の動詞は未然形の活用語尾がア段となる。

①活用語尾が「ア・イ・ウ・ウ・エ・エ」となるのは、四段活用。

動詞の中で最も数が多いのが四段活用の語です。そのすべてを覚えることは不可能ですし、また不必要ですが、活用の見分け方はしっかりと覚えておきましょう。

動詞の活用の種類を問われた際には、「○行○活用」のように、活用の行を含めて答えることが大切です。例えば、現代語の「言う」は、古文では「言ふ」と書きます。表記上ハ行の「ふ」という音を用いるので、この動詞は「ハ行四段活用」と答えます。つまり、「言はズ」「言ひタリ」「言ふ」「言ふトキ」「言へドモ」「言へ」というように、「ハ行の音で母音を四段にわたって活用する」動詞ということです。

②四段の動詞は未然形の活用語尾がア段となる。

四段活用の動詞は、未然形の活用語尾がア段の動詞です。ですから、未然形に接続する

1　（女は）たいそうつらいが、我慢してものも言わ**ない**。
2　たいそうに礼儀正しく**言っ**たことが、素晴らしく思われた。
3　（人々は）それをすみだ河と**呼ぶ**。
4　何かと世間で**うわさをする**ことがあったので、
5　得意そうな顔に物慣れた様子で歌を**詠ん**できたものだなあと、
6　「（これに）上の句を**つけなさい**」とおっしゃるのも、とてもおもしろい。

打消の助動詞「ず」をつけてみて、ア段につけば、その語は四段の動詞と判断できます。ナ変・ラ変の未然形活用語尾もア段ですが、こちらは数の少ないグループとして記憶してしまえば混乱することはないでしょう。

この「ず」のように、それぞれの活用形の下に続く代表的な語を覚えておくようにすると、文中での活用形をすぐに確定できて便利です。

(2) 上二段活用

上二段活用の動詞は「イ・イ・ウ・ウる・ウれ・イよ」と、五十音図のイ・ウの二段に活用します。五十音図の中央の段（ウ段）とその上のイ段とに活用するので、上二段活用といいます。

基本形	語幹	未然形	連用形	終止形	連体形	已然形	命令形
過ぐ	過	ぎ	ぎ	ぐ	ぐる	ぐれ	ぎよ
下に続く主な語		ず・む	たり・て	（言い切る）	時・こと	ども・ば	（命令で言い切る）

【未然】1　人間の大事、この三つには**過ぎ**ず。（徒然草・一二三）

【連用】2　新治筑波《にひばりつくば》を**過ぎ**て幾夜《いくよ》か寝つる（古事記・倭建命《やまとたけるのみこと》）

【終止】3　暮れかかるほど、清見《きよみ》が関《せき》を**過ぐ**。（十六夜《いざよひ》日記・清見が関）

【連体】4　鷹《たか》を役にて**過ぐる**者ありけり。（宇治拾遺物語・六ノ五）

【已然】5　良頼の兵衛督《ひょうえのかみ》と申しし人の家の前を**過ぐれ**ば、（更級日記・初瀬）

【命令】6　ゆかしからぬことぞ。早く**過ぎよ**。（枕草子・五月《さつき》の御精進《みさうじ》のほど）

1　人間にとってなくてはならない大事なことは、この（衣食住の）三つに**すぎ**ない。

2　新治や筑波を**過ぎ**て、幾夜寝たのだろうか。

3　暮れかかるころに、清見が関を**通り過ぎる**。

4　鷹をとって売るのを仕事として**生活する**者がいたそうだ。

5　良頼の兵衛督と申し上げる人の家の前を**通り過ぎる**と、

6　興味のないことだ。さっさと**通り過ぎなさい**。

学習のポイント

①上二段の動詞は未然形の活用語尾がイ段となる。
②ヤ行上二段活用の動詞は、「老《お》ゆ・悔《く》ゆ・報《むく》ゆ」の三語のみ。
③現代語と活用の異なる動詞を識別する。
・恨む→マ行上二段動詞　・忍ぶ→バ行上二段動詞　・足る→ラ行四段動詞
④ザ行と間違えやすいダ行上二段動詞に注意する。

①上二段の動詞は未然形の活用語尾がイ段となる。

上二段活用の動詞は、未然形の活用語尾がイ段の動詞です。ですから、未然形に接続する打消の助動詞「ず」をつけてみて、イ段につけば、その語は上二段活用の動詞と判断できます。

この上二段活用の動詞は、前半が上一段活用と、後半が下二段活用と似ているため、混乱しないよう注意しましょう。上一段活用と違うのは、語幹と活用語尾が分かれているところでしょう。命令形でイ段に戻るところも特徴です。

また、已然形は、例えば「過ぐ」の場合は、現代語と同じように考えて「過ぎれバ」としがちです。しかし、古文の場合は「過ぐれバ」となります。最初は違和感がありますが、繰り返し唱えて、この古文での口調になれるようにしましょう。

②ヤ行上二段活用の動詞は、「老《お》ゆ・悔《く》ゆ・報《むく》ゆ」の三語のみ。

ヤ行上二段の「老ゆ・悔ゆ・報ゆ」は、未然形・連用形の活用形が「老いズ」「老いタリ」、命令形が「老いヨ」となり、ア行やワ行と間違えやすいので注意する必要があります。ヤ行上二段動詞はこの三語のみですから覚えてしまいましょう。

③現代語と活用の異なる動詞を識別する。

現代語と活用の種類が異なる動詞として注意すべき語に「恨む」「忍ぶ」「足《た》る」「借《か》る」「飽《あ》く」などがあります。これに「ず」をつけてみると、

・恨む＋ず　→　×恨まず　○恨みず　→マ行上二段
・忍ぶ＋ず　→　×忍ばず　○忍びず　→バ行上二段
・足る＋ず　→　○足らず　×足りず　→ラ行四段
・借る＋ず　→　○借らず　×借りず　→ラ行四段
・飽く＋ず　→　○飽かず　×飽きず　→カ行四段

すなわち、「恨む」「忍ぶ」は「恨**ま**ズ」「忍**ば**ズ」ともなり、四段と間違えやすいですが、古文では「恨**み**ズ」「忍**び**ズ」で、それぞれマ行上二段、バ行上二段の動詞です。一方、「足る」「借る」「飽く」は「足**り**ズ」「借**り**ズ」「飽**き**ズ」ともなり上二段と考えがちですが、古文では「足**ら**ズ」「借**ら**ズ」「飽**か**ズ」で、ラ行・カ行の四段活用動詞なのです。

④ザ行と間違えやすいダ行上二段動詞に注意する。

ダ行上二段活用の動詞「怖《お》づ・閉づ・綴《と》づ・捻《ね》づ・恥《は》づ・攀《よ》づ〈よじ登る〉」の活用は、読むと「―ジ・―ジ・―ズ……」と発音しますので、とかくザ行と間違えがちです。

(3)　下二段活用

下二段活用の動詞も四段活用の動詞と同じく、含まれる動詞の多いグループです。しかし、活用パターン「エ・エ・ウ・ウる・ウれ・エよ」を覚えてしまえば、あとは子音次第ですから恐れることはありません。一文字目が五十音図の中央の段（ウ段）とその下のエ段とに活用していますので下二段活用といいます。

基本形	語幹	未然形	連用形	終止形	連体形	已然形	命令形
受く	受	け	け	く	くる	くれ	けよ
下に続く主な語		ず・む	たり・て	（言い切る）	時・こと	ども・ば	（命令で言い切る）

【未然】1 神は**受け**ずぞなりにけらしも（古今集・五〇一）

【連用】2 風に散る花橘《はなたちばな》を袖《そで》に**受け**て（万葉集・一九六六）

【終止】3 力衰へて分を知らざれば、病《やまひ》を**受く**。（徒然草・一三一）

【連体】4 その後**うくる**事成りがたく、（世間胸算用・浮世西鶴）

【已然】5 東《ひむがし》の中の御門《みかど》ゆ参り来て御言《みこと》**受くれ**ば（万葉集・三八八六）

【命令】6 この文を見せて、奉らむ物を**受けよ**。（宇治拾遺物語・一五ノ七）

学習のポイント

①下二段の動詞は未然形の活用語尾がエ段となる。
②「得《う》・経《ふ》・寝《ぬ》」は、語幹と語尾の区別がない。
③ワ行の「植《う》う・飢《う》う・据《す》う」はア行と間違えやすいので注意する。

①下二段の動詞は未然形の活用語尾がエ段となる。

下二段活用の動詞は、未然形の活用語尾がエ段の動詞です。未然形に接続する打消の助動詞「ず」をつけてみて、エ段につけば、その語は下二段活用の動詞と判断できます。

②「得《う》・経《ふ》・寝《ぬ》」は、語幹と語尾の区別がない。

下二段活用の中で、「得・経・寝」は一音の言葉のため、下一段活用などと勘違いして

1 （恋をしないと誓ったけれど）神様は願いを**聞き入れてくれて**はいないようだなあ。
2 風で散る橘の花を袖に**受けとめ**て
3 体力が衰えて身の程を知らなければ、病気に**なる**。
4 （質《しち》に入れた衣類も）その後**請け出す**ことができなくて、
5 東の中門から参上して仰せ言を**聞く**と
6 この文書を見せて、（相手が）差し出す物を**受け取りなさい**。

しまいがちですから注意が必要です。また、漢字で書かれた場合は読みに注意します。

「得・経・寝」は語幹と語尾の区別がありません。特に「得」は「え・え・う・うる・うれ・えよ」と、母音パターンと完全に一致した活用をします。また「寝」は、現代語の「寝る」と混同しがちですが、「寝」の終止形はあくまで「ぬ」で「ねる」ではありません。

③ワ行の「植《う》う・飢《う》う・据《す》う」はア行と間違えやすいので注意する。

ワ行の三語「植う・飢う・据う」は、終止形が「—う」となるので、活用する行をア行と間違えやすいので気をつけましょう。例えば「植う」の未然形は「植ゑズ」ですが、よく「『植えズ』だからア行だ」と間違えます。ア行の動詞は「得・心得」の二語のみだと頭に入れておけば、「植う・飢う・据う」がア行だなどと間違えることはありません。

【チェックテスト】

問　次の文章の空欄に適当な語を補いなさい。

活用語尾が五十音図のア・イ・ウ・エの四段に活用する動詞を（ 1 ）活用の動詞といい、イ・ウの二段に活用する動詞を（ 2 ）活用の動詞、ウ・エの二段に活用する動詞を（ 3 ）活用の動詞という。ある動詞の下に打消の助動詞「ず」をつけて、活用語尾がア段の音になれば（ 4 ）活用の動詞、イ段の音になれば（ 5 ）活用の動詞、エ段の音になれば（ 6 ）活用の動詞である。

(4) 上一段活用

上一段活用の動詞は「イ・イ・イる・イる・イれ・イよ」と、イ段の一段のみで活用します。イ段は五十音図の中央の段(ウ段)から見て一つ上の段なので上一段活用といいます。

【チェックテスト解答】

1 四段　2 上二段　3 下二段

4 四段　5 上二段　6 下二段

複合動詞を除き、全部で十語あります。複合動詞には、「試みる・顧《かへり》みる・鑑《かんが》みる〈照らし合わせて考える〉・後《うしろ》見る〈世話をする〉・惟《おもん》みる〈よく考える〉・率《ひき》ゐる・用《もち》ゐる」があります。

基本形	語幹	未然形	連用形	終止形	連体形	已然形	命令形
見る	(見)	み	み	みる	みる	みれ	みよ
下に続く主な語		ず・む	たり・て	(言い切る)	時・こと	ども・ば	(命令で言い切る)

【未然】1 あかねさす紫野行き標《しめ》野行き野守《のもり》は**見**ずや君が袖《そで》振る　（万葉集・二〇）

【連用】2 月を**見**ては、いみじく泣き給ふ。　（竹取物語・かぐや姫の昇天）

【終止】3 春は藤波を**見る**。紫雲のごとくして、西方に匂ふ。　（方丈記・三）

【連体】4 命あるものを**みる**に、人ばかり久しきはなし。　（徒然草・七）

【已然】5 山沢《さんたく》にあそびて、魚鳥《ぎよてう》を**見れ**ば、心楽しぶ。　（徒然草・二一）

【命令】6 出でて**見よ**。例ならず言ふは誰ぞ。　（枕草子・五月ばかり、月もなう）

学習のポイント

①上一段活用の動詞は語幹と語尾の区別がない。

②上一段活用の動詞は十語。「君にいゐ日」と覚える。

①上一段活用の動詞は語幹と語尾の区別がない。

上一段活用には語幹・語尾の区別がありません。終止形・連体形・已然形・命令形の「る・る・れ・よ」だけを語尾だと見誤らないようにしましょう。複合動詞の場合には、語幹・

1　紫草を栽培している標野をあちらに行きこちらに行きして（そんなことをなさって）、野の見張り番が**見**ないだろうか（いや、見られてしまいますよ）。あなたが袖をお振りになるのを。（「あかねさす」は「紫」にかかる枕詞。）

2　月を**見**ては、ひどくお泣きになる。

3　春には藤の花を**見る**。紫雲のように、西方に色美しく咲く。

4　命のあるものを**見て判断する**と、人間ほど長生きするものはない。

5　山や野川に遊んで魚や鳥を**見る**と、楽しい気持ちになる。

6　出て**ご覧なさい**。いつにない言い方をする人は誰ですか。

語尾の区別があります。

②上一段活用の動詞は十語。「君にいゐ日」と覚える。

上一段活用動詞はわずか十語ですから覚えてしまいましょう。「君にいゐ日」と記憶します。つまり、「キ・ミ・ニ・イ・ヰ・ヒ」のそれぞれに「ル」のついた形が上一段活用です。ヤ行の「いる」とワ行の「ゐる」が混乱しやすいので注意します。

カ行……着る
ナ行……似る・煮る
ハ行……干る
マ行……見る
ヤ行……(いる) 射《い》る・沃《い》る〈そそぐ・あびせる〉・鋳《い》る
ワ行……(ゐる) 居《ゐ》る・率《ゐ》る

(5) 下一段活用

下一段動詞は「蹴る」一語です。「け・け・ける・ける・けれ・けよ」と五十音図のカ行エ段のみに活用します。エ段は中央の段(ウ段)から見て一つ下の段なので、「下一段活用」といいます。

基本形	語幹	未然形	連用形	終止形	連体形	已然形	命令形
蹴る	(蹴)	け	け	ける	ける	けれ	けよ
下に続く主な語		ず・む	たり・て	(言い切る)	時・こと	ども・ば	(命令で言い切る)

【未然】 1 かの典薬の助は**蹴**られたりしを病にて死にけり。(落窪物語・四)

1 あの典薬寮の次官は**蹴**られたことがもとで病気になって死んだ。

【連用】2 頭《かしら》け割られ、……をめきさけぶ者おほかりけり。（平家物語・富士川）
【終止】3 さと寄りて、一足づつ蹴る。（落窪物語・二）
【連体】4 鞠《まり》を蹴ることか。（浮世物語・四）
【已然】5 円子川《まりこがわ》蹴ればぞ波はあがりける。（源平盛衰記・三七）
【命令】6 この尻《しり》蹴よ。（宇治拾遺物語・二ノ一三）

学習のポイント

①下一段活用の動詞は「蹴る」一語。現代語との活用の違いに注意する。
②下一段活用の動詞は語幹と語尾の区別がない。

①下一段活用の動詞は「蹴る」一語。現代語との活用の違いに注意する。

下一段活用は変格活用ではないのですが、あてはまる動詞が「蹴る」一つしかありません。用例も、中古の『源氏物語』『枕草子』『和泉式部日記』『紫式部日記』『更級日記』といった主要な作品には見られず、そのほかの作品にも用例のきわめて少ない変わり種の正格活用です。活用も現代語の「蹴る」（五段活用）とは、ずいぶんと異なりますので戸惑うかもしれません。特に、未然形・連用形の「けズ・けタリ」という言い方には違和感を覚えるでしょうが、この古文特有の調子に慣れることが大切です。

②下一段活用の動詞は語幹と語尾の区別がない。

下一段活用の動詞は、上一段活用同様に語幹と語尾の区別がありません。終止形・連体形・已然形・命令形の「る・る・れ・よ」だけを語尾だと見誤らないようにしましょう。

---

2 頭を**蹴り**割られ、……大声をあげて叫ぶ者が多かった。
3 さっと寄ってきて、一足ずつ**蹴る**。
4 鞠を**蹴る**ことなのか。
5 円子川の水を**蹴っ**たから波は飛び散った。
6 この尻を**蹴れ**。

【チェックテスト】

問　次の文章の空欄に適当な語を補いなさい。

活用語尾が五十音図の（　1　）段にのみ活用する動詞を上一段活用の動詞といい、（　2　）段にのみ活用する動詞を下一段活用の動詞という。

上一段活用の動詞は、カ行の「着る」、ナ行の「似る・煮る」、ハ行の「干る」、マ行の「見る」、ヤ行の「（　3　）・沃《い》る・鋳《い》る」、ワ行の「（　4　）・率《ゐ》る」の十語である。

下一段活用の動詞は（　5　）一語である。

(6) ナ行変格活用

ナ行変格活用（略してナ変）動詞は「死ぬ・往《い》（去）ぬ」の二語のみです。「な・に・ぬ・ぬる・ぬれ・ね」と、ナ行の「な・に・ぬ・ね」の四段に活用するので四段活用と似ていますが、連体形に「る」、已然形に「れ」を伴う点が四段活用とは異なります。なお、「往ぬ」「去ぬ」は、どちらも「行ってしまう・去る」という意味です。

基本形	語幹	未然形	連用形	終止形	連体形	已然形	命令形
死ぬ	死	な	に	ぬ	ぬる	ぬれ	ね
下に続く主な語		ず・む	たり・て	（言い切る）	時・こと	ども・ば	（命令で言い切る）

【未然】1　水に溺《おぼ》れて**死な**ば死ね。いざ渡さう。（平家物語・橋合戦）

【連用】2　馬にはかに倒れて**死に**けり。（俊頼髄脳《としよりずいなう》）

【終止】3　犬を蔵人《くらうど》二人して打ち給ふ、**死ぬ**べし。（枕草子・うへにさぶらふ御猫は）

【連体】4　鼻ひたるとき、かくまじなはねば**死ぬる**なり。（徒然草・四七）

【チェックテスト解答】

1　イ　2　エ　3　射る
4　居る　5　蹴る

1　水に溺れて**死ん**でしまうのなら死んでしまえ。さあ、渡ろう。
2　馬が突然に倒れて**死ん**だ。
3　犬を蔵人二人がかりで叩きなさっている、**死ん**でしまうでしょう。
4　くしゃみの出たとき、このようにおまじないをしないと**死ぬ**ものだ。

【已然】5 多くの人死ぬれば、山さながら静まりぬ。（宇津保物語・俊蔭《としかげ》）
【命令】6 さらば、われ死ねとや。（今昔物語・二七ノ一三）

5 たくさんの人が死ぬので、山はすっかり静まった。
6 それならば、わたしに死ねというのか。

学習のポイント

①「いぬ」の漢字は三種類→「往ぬ・去ぬ・寝ぬ」
②「死ぬ」（ナ変）と「死す」（サ変）の違いに注意する。

①「いぬ」の漢字は三種類→「往ぬ・去ぬ・寝ぬ」

ナ変動詞の「往（去）ぬ」は、ひらがなで「いぬ」と書かれると気づきにくい動詞です。また、間違いやすい動詞として、ナ行下二段活用の「寝《い》ぬ」があります。この「寝ぬ」は下二段活用の項で説明した語幹と語尾の区別がない「得《う》・経《ふ》・寝《ぬ》」三語のうちの一つ「寝」と同じ意味〈寝る・眠る〉で、活用も同じです。語幹があるかないかの違いだけです。

②「死ぬ」（ナ変）と「死す」（サ変）の違いに注意する。

形の似ている語には悩まされます。「死ぬ」はナ変動詞、「死す」はサ変動詞です。形も意味もよく似ていますから注意しましょう。

(7) ラ行変格活用

ラ行変格活用（略してラ変）動詞は「あり・居《を》り・侍《はべ》り・いまそかり」の四語のみです。「ら・り・り・る・れ・れ」と、ラ行のうち「ら・り・る・れ」の四段に活用するので四段活用と似ていますが、終止形が四段活用とは異なります。四段活用を含めたラ変以外の動詞の終止形は、「行く」「死ぬ」「蹴る」「着る」などのように、すべてウ段の音で終わりますが、ラ変動詞はイ段音「リ」で終わります。言い切りの形が「り」になるのはラ変動詞だけです。このことはとても重要です。しっかり覚えておきましょう。

基本形	語幹	未然形	連用形	終止形	連体形	已然形	命令形
あり	あ	ら	り	り	る	れ	れ
下に続く主な語		ず・む	たり・て	（言い切る）	時・こと	ども・ば	（命令で言い切る）

【未然】1　おのが身は、この国の人にも**あら**ず。（竹取物語・かぐや姫の昇天）

【連用】2　むかし、紀の有常といふ人**有り**けり。（伊勢物語・一六）

【終止】3　武蔵《むさし》の国と下《しも》つ総《ふさ》の国との中に、いと大きなる河**あり**。（伊勢物語・九）

【連体】4　御供に声**ある**人して歌はせ給ふ。（源氏物語・若紫）

【已然】5　法皇これを御覧じて「あれは何者ぞ」と御尋ね**あれ**ば、（平家物語・大原御幸）

【命令】6　後日にはいかなる御勘当《かんだう》もあらば**あれ**と存じて、（平家物語・宇治川の先陣）

学習のポイント

①動詞の中で、イ段音「り」で言い切るのは、ラ変のみ。
②本来のラ変動詞は「あり・居《を》り・侍《はべ》り・いまそかり」の四語。
③ラ変動詞「居《を》る」とワ行上一段動詞「居《ゐ》る」に要注意。

①動詞の中で、イ段音「り」で言い切るのは、ラ変のみ。

助動詞を学習する際、ラ変動詞の終止形はイ段音で言い切ることを覚えておくことが大きな意味を持ってきます。すなわち、終止形（ウ段音）の活用語に接続する助動詞は、ラ変型の活用語の場合にはイ段音の終止形ではなく、ウ段音の連体形に接続することになる

1　私の身は、人間世界の人でも**ありません**。
2　昔のことであるが、紀有常という人物が**暮らし**ていた。
3　武蔵の国と下総の国との間に、たいへん大きな河が**ある**。
4　御供のうちで声の**よい**人に命じて（自分の歌を）歌わせなさる。
5　法皇はこれをご覧になって、「あれは誰だ」と**お尋ねになる**ので、
6　後にどのようなお叱りがあるのなら**あれ**と思いまして、

のです。例えば次の例文7。伝聞の助動詞「なり」は本来終止形接続ですが、ラ変動詞「はべり」の場合、終止形ではなく連体形の「はべる」に接続しています。

7 けしうはあらず、かたち心ばせなど**はべる**なり。（源氏物語・若紫）

②本来のラ変動詞は「あり・居《を》り・侍《はべ》り・いまそかり」の四語。

「あり・居り」は「存在する・ある・いる」という意味です。「侍り」は「あり・居り」の丁寧語で、「あります・おります・ございます」の意味。「いまそかり」は「あり・居り」の尊敬語で、「いらっしゃる・おいでになる」という意味です。

③ラ変動詞「居《を》る」とワ行上一段動詞「居《ゐ》る」に要注意。

ラ変動詞「居り」の連体形「居《を》る」とワ行上一段動詞の終止形・連体形「居《ゐ》る」は、漢字表記の際は同じ形になるので注意します。意味はどちらも「座る・存在している」の意ですが、気をつけることは、「居《を》る」はラ変動詞なので、終止形が「をる」ではなく、「をり」だということです。ラ変動詞は、語幹が「を」で、「ら・り・り・る・れ・れ」と活用し、ワ行上一段「居《ゐ》る」は語幹・語尾の区別がなく、「ゐ・ゐ・ゐる・ゐる・ゐれ・ゐよ」と活用します。

【チェックテスト】

問 次の文章の空欄に適当な語を補いなさい。

ナ行変格活用は略して（ 1 ）ともいい、ナ行の「な・に・ぬ・ね」の四段に活用する。この活用をする動詞は「死ぬ」「（ 2 ）」の二語である。

ラ行変格活用は略して（ 3 ）ともいい、ラ行の「ら・り・る・れ」の四段で活用し、終止形は（ 4 ）で言い切る。この活用をする動詞は「（ 5 ）」「（ 6 ）」

---

7 それほど悪くはないですよ。きりょうも気立ても**いい**ようで**ございます**。

【チェックテスト解答】

1 ナ変 2 往ぬ（去ぬ）
3 ラ変 4 り 5 あり
6 をり 7 侍り

「（　7　）」「いまそかり」の四語である。

(8) カ行変格活用

カ行変格活用（略してカ変）動詞は、本来「来《く》」一語ですが、複合動詞として「出《い》で来・追い来・詣《まう》で来・持《も》て来」などがあります。

カ行変格活用はほかの活用パターンと違って実に個性的です。「こ・き・く・くる・くれ・こ／こよ」と、いきなり未然形でオ段音が出てくる活用はほかにはありませんし、カ行のうち、「き・く・こ」の三段に活用する珍しい形ですから、しっかりと暗記しましょう。

基本形	語幹	未然形	連用形	終止形	連体形	已然形	命令形
来	（来）	こ	き	く	くる	くれ	こ／こよ
下に続く主な語		ず・む	たり・て	（言い切る）	時・こと	ども・ば	（命令で言い切る）

【未然】1　また家のうちなる男君の**来《こ》**ずなりぬる、いとすさまじ。（枕草子・すさまじきもの）

【連用】2　送りに**来《き》**つる人々、これよりみな帰りぬ。（更級日記・太井川）

【終止】3　また、かならず**来《く》**べき人のもとに車をやりて待つに、（枕草子・すさまじきもの）

【連体】4　山の方より人あまた**来る**音す。（更級日記・東山なる所）

【已然】5　ときはなる松のみどりも春**来れ**ば（古今集・二四）

【命令】6　「とく**来《こ》**」と言ひやりたるに、（枕草子・すさまじきもの）

1　また家の内に迎えて通っている婿《むこ》君が**来**なくなってしまうのも、とても面白くない。

2　見送りに**来**た人々は、ここからみんな帰った。

3　また、必ず**来る**はずの人のところに牛車《ぎっしゃ》をやって待っていると、

4　山のほうから人がおおぜい**やって来る**気配がする。

5　（一年中）変わらない松の緑も、春が**来る**と、

6　「早く**帰ってきなさい**」と呼びにやっても、

☝学習のポイント

①カ変動詞は「来」一語であり、語幹・語尾の区別がない。
②漢字「来」の読み方に注意する。
③命令形には、「こ」と「こよ」の二つがある。

①カ変動詞は「来」一語であり、語幹・語尾の区別がない。

カ変動詞「来」には語幹・語尾の区別がありません。連体形・已然形・命令形の「る・れ・よ」だけを語尾だと見誤らないようにしましょう。複合動詞の場合は語幹・語尾の区別がありあります。

なお、「来《き》たる」はラ行四段活用動詞「来たる」〈やってくる〉の終止形または連体形であり、一方、現代語の漢文調で用いられる「来《き》たる○月○日に〜」の「来たる」〈近いうちにくる・次の〉は連体詞です。

②漢字「来」の読み方に注意する。

漢字表記の「来」は活用形によって「こ」「き」「く」と読みが異なりますので注意が必要です。テストによく出題されます！

③命令形には、「こ」と「こよ」の二つがある。

命令形は、「まうでこ」〈出てきなさい〉（竹取物語）、「こち持てこ」〈こちらへ持って来い〉（堤中納言物語）などのように、もっぱら「こ」の形で使われていましたが、中古末以降には、次の例文7のように、呼びかけの間投助詞「よ」がついて一語化した「こよ」の形が見られるようになります。「こ」「こよ」、両者ともに覚えておきましょう。

7 獺《かはうそ》の祭り見て**来よ**瀬田の奥（花摘）

---

7 （今ごろはちょうど獺祭《だっさい》の候で、折もよし、）瀬田川上流で珍しい獺の祭りでも見て**来給え**。

(9) サ行変格活用

サ行変格活用（略してサ変）動詞は「す」および「おはす」の二語のみです。「せ・し・す・する・すれ・せよ」と、カ変ともまた違う特殊なパターンで「し・す・せ」の三段に活用します。

基本形	語幹	未然形	連用形	終止形	連体形	已然形	命令形
す	（す）	せ	し	す	する	すれ	せよ
下に続く主な語		ず・む	たり・て	（言い切る）	時・こと	ども・ば	（命令で言い切る）

【未然】1　文《ふみ》を書きてやれども返事《かへりごと》も**せ**ず。（竹取物語・貴公子たちの求婚）
【連用】2　馬の鼻を並べて駆けんと**し**たまへば、（平家物語・木曽の最期）
【終止】3　かれこれ、知る知らぬ、送り**す**。（土佐日記・一二月二一日）
【連体】4　昔の人の袖の香ぞ**する**（古今集・一三九）
【已然】5　打ち割らむと**すれ**ど、たやすく割れず。（徒然草・五三）
【命令】6　説教などして世渡るたづきとも**せよ**。（徒然草・一八八）

学習のポイント

①本来のサ変動詞は「す・おはす」の二語。「す」は語幹・語尾の区別がない。
②サ変動詞とサ行下二段活用の違いは連用形のみ。

①本来のサ変動詞は「す・おはす」の二語。「す」は語幹・語尾の区別がない。

1　（貴公子たちが）手紙を書いて送るが返事も**し**ない。
2　馬の鼻を並べて駆け入ろうとな**さる**ので、
3　あの人やこの人、知っている人や知らない人までが見送りを**する**。
4　昔親しんだ人の袖の香りが**する**ことだ。
5　（足鼎《あしがなえ》を）たたき割ろうと**する**けれども、簡単には割れない。
6　説教などをして、渡世の手段に**生かせよ**。

サ変動詞「す」〈する〉には語幹・語尾の区別がありません。連体形・已然形・命令形の「る・れ・よ」だけを語尾だと見誤らないようにします。

「おはす」（「あり」の尊敬語〈いらっしゃる・おありになる〉）の場合は、語幹に「おは」がありますが、活用語尾は「す」と同じです。したがって「す」の活用を覚えれば「おはす」の活用も覚えたことになります。またサ変動詞には、「心地《ここち》す」「空《むな》しうす」「もっぱらにす」「先んず」など、名詞や形容詞・形容動詞・副詞などのさまざまな語について多くの複合動詞を作る特徴があります。これらの複合動詞も「おはす」と同様に考えます。

②サ変動詞とサ行下二段活用の違いは連用形のみ。

サ変動詞「す」とサ行下二段の語（在《い》す・仰《おほ》す・参らす・寄す、など）の活用はよく似ており、連用形が異なるのみです。サ変の連用形「し」が「せ」となれば、サ行下二段活用と同じパターンになります。間違えやすいので注意しましょう。

●サ変動詞ではない「せ」「し」の見分け方

助動詞や助詞の一部の「せ」や「し」は、サ変動詞「す」の未然形「せ」・連用形「し」と間違えやすいので注意しましょう。「する」の意味を持つ場合がサ変動詞なので、文脈からも判断できます。

a過去の助動詞「き」の連体形「し」→連用形につく。

7 京より下り**し**時に、みな人、子どもなかりき。（土佐日記・二月九日）

「下り」という連用形に接続しているので、この「し」は助動詞「き」の連体形です。

b手段・方法を示す格助詞「して」→体言につく。

8 二、三人ばかり召しいでて、碁石**して**数置かせたまふとて、（枕草子・清涼殿《せいりやうでん》の丑寅《うしとら》のすみの）

---

7 都から（土佐へ）下っ**た**時に、同行の人はだれもみな、子どもたちはなかった。

8 （帝は女房を）二、三人ほどをお呼び出しして、碁石**を使って**、（答えの誤りを）点数に取らせるおつもりで、

ここは「して」で一語。体言に接続し、手段を示す格助詞の「して」です。

c 使役の助動詞「す」の連用形「せ」→未然形につく。

9 人々に物語など読ませて聞き給ふ。（源氏物語・若菜下）

「読ま（ズ）」という未然形に接続しているので、使役の助動詞「す」の連用形です。

【チェックテスト】

問 次の文章の空欄に適当な語を補いなさい。

（ 1 ）活用は略して（ 2 ）ともいい、カ行の「き・く・こ」の三段に活用する。本来の（ 2 ）動詞は「（ 3 ）」のみである。

（ 4 ）活用は略して（ 5 ）ともいい、サ行の「し・す・せ」の三段で活用する。本来の（ 5 ）動詞は「（ 6 ）」「（ 7 ）」の二語のみである。

(10) 動詞の音便

音便というのは、発音の続き具合がなめらかでないとき、もっと続きやすい音に変わる現象のことです。月の初めの「つきたち（月立）」を「ついたち」というたぐいです。名詞や副詞のほか、活用語に多く現れます。古文の動詞における音便は、四段・ナ変・ラ変の連用形に助詞「て」・助動詞「たり」や「たまふ」などがつくときに生じます。

動詞の音便には、イ音便・ウ音便・撥《はつ》音便・促《そく》音便の四種類があります。

①イ音便…カ行・ガ行・サ行の四段活用で連用形が「い」となる。

書きて→書いて　泳ぎて→泳いで　渡して→渡いて

1 池めいてくぼまり水づけるところあり。（土佐日記・帰京）

---

9 （紫の上が）女房たちに物語などを読ませてお聞きになる。

【チェックテスト解答】

1 カ行変格　2 カ変　3 来

4 サ行変格　5 サ変　6 す

7 おはす

1 池のようにくぼんで、水がたまっている場所がある。

②ウ音便…ハ行・バ行・マ行の四段活用で連用形が「う」となる。

歌ひて↓歌うて　呼びて↓呼うで　頼みて↓頼うで

2　いとかく思うたまへましかば、（源氏物語・桐壺）

③撥音便…バ行・マ行の四段とナ変の連用形、ラ変の連体形ではねる音「ん」となる。

飛びて↓飛んで　読みて↓読んで　死にて↓死んで

3　若薄《わかすすき》に手を切る切る摘んだる菜を、（土佐日記・正月九日）

撥音便は「ん」が表記されないことが多いので注意が必要です。読むときは「ん」が表記されていなくても「ん」を入れて読みます。

「あなり」「ななり」など、ラ変型の連体形撥音便＋助動詞「なり」の形は、識別などの問題として出題されることが多いので注意しましょう。テストなどで文法的な説明を要求された際には、例えば「あなり」の場合、「あ＝ラ変動詞『あり』の連体形『ある』の撥音便形『あん』の『ん』無表記。なり＝伝聞・推定の助動詞『なり』の終止形」と答えるようにします。

④促音便…タ行・ハ行・ラ行の四段活用とラ変で連用形がつめた音「つ」になる。

立ちて↓立つて　思ひて↓思つて　取りて↓取つて　ありて↓あつて

4　おのおの鎌倉を立つて、足柄を経て行くもあり、（平家物語・宇治川の先陣）

促音便のつまる音「っ」は、現代仮名遣いでは小さく書きますが、歴史的仮名遣いでは、普通の大きさで「つ」と表記します。

動詞の音便は、ラ変の連体形が撥音便化する例外以外はすべて連用形に現れます。なお、いつもいつも音便現象が起こるわけではありません。「書きて」「書いて」、「死にて」「死んで」など、ともに表記される場合もあり、音便現象の起こり方は不定なのです。

2　ほんとうに、このようになると存じておりましたならば、

3　若薄で手を何度も切って摘んだ菜を、

4　それぞれ鎌倉を出発して、足柄山を通って行く者もいたり、

【チェックテスト解答・訳】

1　撥音便／飛び（て）
2　イ音便／付き（たり）
3　促音便／給はり（て）・参り（て）
4　ウ音便／惜しみ（て）

1　判官の船にうまく乗り合わせ、さっと目をつけて飛びかかると、
2　舎人がたくさんついていたけれども、
3　お手紙をいただいてまいりました。
4　家の主人の女房が、今夜限りになった名残を惜しんで、

●撥音便「ん」の無表記

撥音便「ん」は、表記されていない場合でも「ん」を入れて読むということに「なぜ?」と疑問を感じる方は多いでしょう。

仮名「ん」は、「无《む》(=無)」という漢字の草書を崩したものです。つまり、文字「ん」は本来「ン」の仮名ではなく「ム」の仮名だったわけです。古代の日本語には、もともと「ン」という音韻がなかった(=意識されることがなかった)ために仮名が生まれることもありませんでした。しかし、平安時代になって意味の区別に関わりを持つ「音《おん》」として意識されるようになり、表記方法が問題となります。そして、助動詞「む」を「ン」、「らむ」を「ラン」などと発音されるようになっていたこともあり、「ン」の表記に仮名「ん」を使う人が現れてきました。しかし、一方では従来通り表記しない人も多かったのです。その、大半の人が表記のないまま「ン」と発音している状況が、無表記にもかかわらず撥音便「ん」を入れて読むという現象を生んだのです。

【チェックテスト】

問 次の文の傍線部の音便について、その種類ともとの形を記しなさい。

1 判官《はうぐわん》の船に乗りあたつてあはやと日をかけて飛んでかかるに、(平家物語・能登殿最期)

2 舎人あまた付いたりけれども、(平家物語・宇治川の先陣)

3 御書を給はつて参つて候。(平家物語・小督《こごう》)

4 あるじの女房の、今宵ばかりのなごりを惜しうで、(平家物語・小督)

【練習問題訳】

問一 1 小さい男で、見るとも思われない(=はっきり見えない)男が、足早に歩いて来ているので、

2 僧たちが夜の所在なさに、「さあ、ぼたもちを作ろう」と、

3 「しくじるなよ。気をつけて降りなさい」と、言葉をかけましたが、

4 (親王を)お送りして、早く(自分の家に)帰ろうと思うが、(親王は)お酒をくださり、ごほうびをくださろうとして、

5 何がこのように夢に見えるのかと思案すると不思議で、

6 病気の姉が起き出して、「どこへ行ったの、猫は。こちらに連れてきなさい」と言うので、

7 男の尻をはたと蹴りつけたため、……男はかき消えるようにして見えなくなったので、

8 ある人が、弓を射ることを習う折に、二つの矢を持って的に向かう。

9 閼伽棚に、菊や紅葉などを折り散らしてあるのは、やはり住む人があるからなのであろう。

問二 1男はこの女をぜひ妻にしよ

練習問題

問一　次の傍線部の動詞の活用の種類、および活用形と基本形を記しなさい。

1　小さき男の、見るとも覚えぬが、はやらかに歩みて来たれば、（発心集・七ノ六）

2　僧たち、宵のつれづれに、「いざ、かいもちひせむ」と、（宇治拾遺物語・一ノ一二）

3　「あやまちすな。心して降りよ」と、言葉をかけ侍りしを、（徒然草・一〇九）

4　御送りして、とくいなむと思ふに、大神酒《おほみき》給ひ、禄《ろく》給はむとて、（伊勢物語・八三）

5　何のかくは夢に見ゆると思ひまはすにあやしく、（醒酔笑《せいすいしょう》・四）

6　煩《わづら》ふ姉おどろきて「いづら、猫は。こちゐてこ」とあるを、（更級日記・大納言殿の姫君）

7　尻をはたと蹴たりければ、……男かきけちて見えずなりにければ、（宇治拾遺物語・一四ノ一七六）

8　ある人、弓射る事を習ふに諸矢をたばさみて的に向かふ。（徒然草・九二）

9　閼伽棚《あかたな》に、菊紅葉など折りちらしたる、さすがに住む人のあればなるべし。（徒然草・一一）

問二　（　）内の動詞を適当な活用形に改めなさい。

1　男はこの女をこそ得めと（思ふ）。（伊勢物語・二三）

2　心得たれども、……知らぬ人と同じやうにて（過ぐ）人あり。（徒然草・一九四）

3　念仏は他念なく申して（死ぬ）ば、極楽の迎へいますらんと待たるるに、（宇治拾遺物語・四ノ三）

4　世の営みに紛れ、ほど（経《ふ》）、忘れけるに、（醒酔笑《せいすいしょう》・四）

5　ものの色などは、さらになべてのに（似る）べきやうもなし。（枕草子・関白殿、二月二一日に）

うと思う。

2　承知しているけれども、……知らない人と同じようにして過ごす人がある。

3　念仏は余念なく申し上げて死ぬのだから、極楽の迎えがいらっしゃっているのだろうと期待されるが、

4　世俗の仕事に気を取られ、時間がたち、忘れていたところ、

5　衣の色などは全然一般のものに似ていようはずもない。

6　「その男の尻鼻を、血が出るくらいに、必ずお蹴りなさい」と、

7　「極楽の迎えが、ちょうど今いらっしゃる」と手をすって悦びながら、亡くなった。

8　急いで近寄って見ますと、年齢が四十歳くらいの僧が座っています。

9　（大晦日は）死んだ人（の魂）が帰ってくる夜だといって、精霊を祭る行事は、このごろの都ではすたれてしまったが、

問三　1　「きっと西行であったのだろう。考えられないことだ」と言って、情けながっていらっしゃった。

6「その男が尻鼻、血あゆばかり、必ず（蹴る）給へ」と、（宇治拾遺物語・二ノ一三）

7「極楽の迎へ、今なむ（おはす）」と、手をすりて悦《よろこ》びつつ、終はりにけり。（宇治拾遺物語・四ノ三）

8 いそぎ寄りて見（侍り）に、よはひ四十ばかりの僧座して侍り。（撰集抄《せんじゅうしょう》・三ノ一）

9 亡き人の（来）夜とて、魂まつるわざは、この頃都にはなきを、（徒然草・一九）

問三 次の文の傍線部を文法的に説明しなさい。

1「西行にこそ①ありつらめ。ふしぎの事なり」とて、②心うがられけり。（今物語・一八）

2 むかし、左の大臣《おほいまうちぎみ》いまそがりけり。（伊勢物語・八一）

3 死ぬるきざみになりて、念仏して消え入らむとす。（宇治拾遺物語・四ノ三）

4 世のそしりをもはばからず、人の嘲りをも顧みず、不思議のことをのみし給へり。（平家物語・祇王）

5「いかに殿ばら、殊勝の事は、御覧じとがめずや」（徒然草・二三六）

6 持《も》て来たるものよりは、歌はいかがあらむ。この歌をこれかれあはれがれども、（土佐日記・一月七日）

問四 次の傍線部の「来」の読みを記しなさい。

1 すのこよりただ①来に②来れば、（源氏物語・蜻蛉）

2 かの唐船《もろこしぶね》来けり。（竹取物語・火鼠《ひねずみ》の皮衣《かはごろも》）

3 三年《みとせ》来ざりければ、待ちわびたりけるに、（伊勢物語・二四）

4 速やかに末に走らせ会ひ、馬取りて来よ。（今昔物語・二五ノ一二）

5 人々、絶えずとぶらひに来。（土佐日記・一月五日）

---

2 昔、左大臣がいらっしゃった。

3 死ぬ間際になって、念仏をして息を引き取ろうとする。

4 世間の非難もかまわず、人のあざけりさえ顧みず、理解できないことばかりなさった。

5「なんとみなさん、すばらしいことを見てお気づきになりませんか」

6 持ってきたご馳走に比べて、歌のできばえはどうであろうか（あまり感心したものではない）。この歌をこの人あの人が感心してみせるが、

問四 1 すのこからずんずんやって来るので（＝廊下をまっすぐに急いで来るので）、

2 あの中国の船がやって来た。

3 三年間帰ってこなかったので、待ちあぐねていたが、

4 早く（馬に）追いつき、馬を取って来い（＝連れ戻せ）。

5 人々がひっきりなしに見舞いに来る。

2　形容詞

自立語で活用があり、単独で述語となることができて、言い切りが「し」となる語を形容詞といいます。形容詞と動詞の違いは、動詞が述語となって主語の動作・作用を説明するのに対し、形容詞は物や人の状態・性質・感情などを表すところにあります。それらがどんな状態であるかを「形容する」ので、形容詞と呼ばれます。

(1)　形容詞の活用の特徴

形容詞の活用は、ク活用とシク活用の二種類があります。この二つは基本的に同じパターンで活用します。リズムをつけて呪文のように唱えながらしっかりと覚えましょう。

【ク活用】

基本形	語幹	未然形	連用形	終止形	連体形	已然形	命令形
なし	な	く から	く かり	し （かり）	き かる	けれ （かれ）	○ かれ
下に続く主な語		は・む	て・けり	（言い切る）	時・べし	ども・ば	（命令で言い切る）

【シク活用】

基本形	語幹	未然形	連用形	終止形	連体形	已然形	命令形
美し	美	しく しから	しく しかり	し ○	しき しかる	しけれ ○	○ しかれ
下に続く主な語		は・む	て・けり	（言い切る）	時・べし	ども・ば	（命令で言い切る）

●ク活用「なし」

【未然】1 （鯉を）切りぬべき人**なく**は、給《た》べ。（徒然草・二三一）

2 正直の人、などか**なから**む。（徒然草・八五）

【連用】3 道知れる人も**なく**て、まどひ行きけり。（伊勢物語・九）

4 なき好き者にて、朝夕琴をさし置くこと**なかり**けり。（十訓抄《じっきんしょう》・一〇）

【終止】5 人のなきあとばかり悲しきは**なし**。（徒然草・三〇）

6 そよと聞こゆる風**なかり**や。（宇津保物語・初秋）

【連体】7 今は**なき**人なれば、かばかりのことも忘れがたし。（徒然草・三）

8 さらに遊びの興**なかる**べし。（徒然草・一三〇）

【已然】9 かねて思ひつるままの顔したる人こそ**なけれ**。（徒然草・七一）

10 天地《あめつち》の神は**なかれ**や愛《うつく》しき我が妻離《さか》る（万葉集・四二三六）

【命令】11 初心の人、二つの矢を持つこと**なかれ**。（徒然草・九二）

大部分の形容詞は、カリ活用の終止形と已然形を持たないことから活用表には載せないことが多いのですが、例語として取り上げた「なし」と「多し」の二語は、カリ活用が全部そろっています。そのため、右の活用表ではカッコをつけて示しています。

12 明けて見れば、よべの鮎、いと**多かり**。 ↓終止形 （蜻蛉日記・中）

13 所も変はらず、人も**多かれ**ど、 ↓已然形 （方丈記・一）

また、「ありやなしや」というように、対比的に使われる「あり」と「なし」ですが、「あり」は動詞（ラ行変格活用）、「なし」は形容詞（ク活用）です。

---

1 （鯉を）切る適当な人が**いない**なら、ください。（私が切りましょう。）

2 正直な人が、どうして**いない**ことがあろうか（必ずいるものだ）。

3 道を知っている人も**いなくて**、迷いながら行った。

4 またとない風流人で、朝夕琴を離しておくことが**なかっ**た。

5 人が亡くなった後ほど心がいたむものは**ない**。

6 その通りですという風は**いません**か。

7 今は**この世にいない**人なので、この程度のことも忘れがたい。

8 まったく遊びの楽しさは**ない**にちがいない。

9 前もって想像したとおりの顔をしている人は**いない**ものだ。

10 天地の神様は**いない**というのか（いないはずはないのに）、いとしいわが妻は遠くへ行ってしまった。

11 初心者は、二本の矢を持っては**ならない**。

12 明け方になって見ると、昨夜の

☝**学習のポイント**

①すべての形容詞は自立語で活用があり、「し」で言い切る。
②ク活用とシク活用の見分け方は、後に動詞「なる」、助詞「て」をつけてみる。
③補助活用はラ変型（ら・り・り・る・れ・れ）の活用をする。

①すべての形容詞は自立語で活用があり、「し」で言い切る。

自立語とは、その言葉だけでも意味を持つもの。活用があるとは、前後の文により、語尾が変化するもののことです。ここで一番重要なのが、言い切りが「し」で終わるという特徴です。ク活用・シク活用ともに言い切りの形はすべて「し」となります。シク活用は、ク活用の上に「し」がついたものと考えればよいのですが、終止形の場合のみ、「しし」とはならずに、ク活用と同じく「し」です。

また、「いみじ」や「同じ」は、活用語尾が「―じく・―じく・じ・…」と濁音になりますが、この場合も「ジク活用」ではなく「シク活用」といいます。

②ク活用とシク活用の見分け方は、後に動詞「なる」、助詞「て」をつけてみる。

その語がク活用かシク活用かは、連用形に動詞の「なる」、もしくは接続助詞の「て」をつけてみるとわかります。

・**ク活用**…後に「なる」「て」をつけた時、「語幹＋**く**＋なる」「語幹＋**く**＋て」となるのがク活用です。

なし➡　「な＋**く**＋なる」「な＋**く**＋て」

・**シク活用**…後に「なる」「て」をつけた時、「語幹＋**しく**＋なる」「語幹＋**しく**＋て」となるのがシク活用です。

13　鮎が、とてもたく**さんある。**
場所も変わらないし、人も**多い**けれど、

美し→「美＋しく＋なる」「美＋しく＋て」

また、意味的な見分け方として、ク活用は「高し」「赤し」「若し」など客観的な事象を形容し、シク活用は「悲し」「嬉し」「美し」など、人間の主観的な情意を形容すると言われます。例外はありますが、一つの傾向として考えることができるでしょう。

③補助活用はラ変型（ら・り・り・る・れ・れ）の活用をする。

ところで、39ページの活用表を見ると、一つの語に二つの活用パターンがあります。これは、「く・く・し・き・けれ・○」という活用（本活用）に対し、「から・かり・○・かる・○・かれ」のようにラ変型に活用する場合をカリ活用（補助活用）といいます。

カリ活用は、形容詞と助動詞をつなげたときに発音しやすいようにと、連用形にラ変動詞「あり」がついた形から成立したものです。例えば、「なし」＋助動詞「けり」の場合は、「な＋かり＋けり」となります。つまり、カリ活用を用いるのは、次の二つの場合です。

・形容詞に助動詞を接続させるとき

・形容詞を命令形で使うとき

激し→「激し＋補助活用命令形」→「激しかれ」〈激しくなれ〉

形容詞の下に助動詞が接続するときは、ラ変型の活用をするカリ活用（補助活用）のほうにつくという点はとても大切です。しっかりと覚えておきましょう。

(2) 形容詞の語幹の用法

形容詞の語幹は動詞の語幹に比べて独立性が強く、いくつかの注意すべき用法があります。とくに学習のポイント④の「原因・理由を表す用法」は現代語訳の問題としてよく出題されます。

☝学習のポイント

①終止法＝語幹で言い切って感動表現に使う。
②連体修飾法＝「語幹＋格助詞『の』」で連体修飾語になる。
③接尾語がついて他の品詞となる。
④語幹に接尾語「み」がついて原因・理由を表す。

①終止法＝語幹で言い切って感動表現に使う。

語幹で言い切り、感動を強める表現です。しばしば、上に感動詞を伴います。

あな、**おさな。**〈ああ、幼いなあ〉

②連体修飾法＝「語幹＋格助詞『の』」で連体修飾語になる。

「語幹＋格助詞『の』」で体言を修飾し、感動を強める表現となります。

あやしの賤《しづ》〈いやしい身分低い者〉　**長の別れ**〈長い別れ〉

③接尾語がついて他の品詞となる。

・「語幹＋接尾語の『げ』『さ』『み』」で名詞化します。

後ろめたげ〈気がかりなさま〉　**ゆかしさ**〈見たさ〉　**深み**〈深さ〉

・「語幹＋接尾語『がる』」で動詞化します。

怪しがる　痛がる　寒がる

④語幹に接尾語「み」がついて原因・理由を表す。

形容詞語幹に接尾語「み」がついて「…なので」と原因・理由を表す用法があります。多くの場合、間投助詞「を」を伴い、「…を…み」の形で「…が…なので」と訳し、和歌にしばしば見られます。

●「形容詞語幹＋接尾語『み』」

「…を…み」の形は、ほぼ和歌だけに見られる表現です。上代に多く見られますが、古今集の時代以降は減っていきます。

「…み」だけの形は少ないのですが、「山高み」「川早み」などの表現はしばしば現れます。

山高み雲居に見ゆる桜花心のゆきて折らぬ日ぞなき　（古今集・三五八）

〈山が高いので、大空はるかに見える桜の花は、実際に手折《たお》ることは出来ないが、気持ちだけはそこまで行って折り取らない日はない。〉

この時の、ク活用とシク活用の違いに注意しましょう。接尾語「み」は、ク活用の場合は語幹に接続しますが、シク活用の場合は語幹ではなく終止形に接続します。

ク活用　→「を＋語幹＋み」　瀬を早み〈川の流れが早いので〉

シク活用→「を＋終止形＋み」　君をうるはしみ〈あなたがなつかしいので〉

12　秋の田のかりほの庵《いほ》の苫《とま》をあらみわが衣手《ころもで》は露にぬれつつ（後撰集・三〇二）

13　春の野にすみれ摘みにと来《こ》し我れぞ野をなつかしみ一夜《ひとよ》寝にける（万葉集・一四二四）

例文12の「あらみ」は、ク活用形容詞「粗《あら》し」の語幹「あら」に「み」がついたもの、例文13の「なつかしみ」はシク活用形容詞の「なつかし」の終止形に「み」がついたもの。シク活用形容詞の場合は「なつかみ」ではなく、「なつかしみ」となります。

(3)　形容詞の音便

形容詞の音便は連用形・連体形に現れ、イ音便・ウ音便・撥音便の三種類があります。イ音便・ウ音便は、子音脱落の現象によるものです。例えば「苦しき」は、

kurusiki　→　kurusii

と、「ki」の子音「k」が脱落して「苦しい」となります。

①イ音便…連体形に体言や助詞「かな」などが続くとき、活用語尾の「き」が「い」になる。

悲しきかな　→悲しいかな

14　うち解けず、苦しいことにおぼいたり。（源氏物語・胡蝶《こてふ》）

15　黒栗毛なる馬の、きはめて太うたくましいが、（平家物語・宇治川の先陣）

②ウ音便…連用形に用言や助詞「て」などが続くとき、活用語尾の「く」が「う」になる。

12　秋の田の仮小屋を葺《ふ》いた草の編み目が粗いので、私の着物の袖は夜露にしっとりと濡《ぬ》れていくことだ。

13　春の野にすみれを摘みにとやって来た私は、その野が去りがたいので、一晩泊まってしまったことだ。

14　気づまりな、つらいこととお思いになっている。

15　黒栗毛の馬で、よく肥えたたくましい馬であったが、

美しくて　↓美しうて

16　木々のこの葉まだ**繁う**はあらで、若やかに青みわたりたるに、
（枕草子・四月、祭りの頃）

17　**悪《あ》しう**候ふ浄妙房。
（平家物語・橋合戦）

③撥音便…カリ活用の連体形に助動詞「なり」「めり」「べし」などが続くとき、活用語尾の「る」が「ん」になる。

苦しかるめり　↓苦しかんめり

18　世のうきよりは住み**よかん**なるものを。
（平家物語・大原入）

【チェックテスト】

問一　次の文章の空欄に適当な語を補いなさい。
形容詞は物や人の状態・性質・感情などを表す（　1　）であり、言い切りの形が（　2　）となる。形容詞には（　3　）と（　4　）の二種類の活用がある。

問二　次の形容詞の活用の種類を答えなさい。
1　すさまじ　（　　活用）
2　高し　（　　活用）
3　心細し　（　　活用）
4　愛《かな》し　（　　活用）
5　いまいまし　（　　活用）

16　木々の葉はまだすっかり**茂りきって**はおらず、若々しい木の葉の青さが広がっているときに、

17　**悪いこと**ですよ、浄妙房。

18　（山里は物寂しくはあるけれど、）世の中でつらい思いをするよりは住み**やすい**ことでしょうよ。

【チェックテスト解答】
問一　1　用言　2　し　3　ク活用　4　シク活用
問二　1　シク　2　ク　3　ク　4　シク　5　シク

3　形容動詞

自立語で活用があり、単独で述語になることができて、言い切りが「なり」「たり」となる語を形容動詞といいます。形容動詞は、事物の性質や状態、人の感情などを表します。

(1)　形容動詞の活用の特徴

形容詞には「ク活用」と「シク活用」の二種類の活用がありますが、形容動詞も「ナリ活用」「タリ活用」の二種類です。ただし、形容詞のような本活用と補助活用というパターンはありません。形容動詞という名称は、表す意味は形容詞に、活用は動詞（ラ変）に似ているところからきています。

【ナリ活用】

基本形	語幹	未然形	連用形	終止形	連体形	已然形	命令形
あはれなり	あはれ	なら	なり に	なり	なる	なれ	（なれ）
下に続く主な語		ず・む	けり・て	（言い切る）	時・べし	ども・ば	（命令で言い切る）

【タリ活用】

基本形	語幹	未然形	連用形	終止形	連体形	已然形	命令形
堂々たり	堂々	（たら）	たり と	たり	たる	（たれ）	（たれ）
下に続く主な語		ず・む	けり・て	（言い切る）	時・べし	ども・ば	（命令で言い切る）

●ナリ活用

【未然】1　見すぐしたらむ中こそ、契り深く**あはれならめ**、（源氏物語・帚木《ははきぎ》）

【連用】2　**あはれなりつる**心のほどなむ、忘れむ世あるまじき。（更級日記・梅の立枝《たちえ》）

3　野分のまたの日こそ、いみじう**あはれに**をかしけれ。（枕草子・野分のまたの日こそ）

【終止】4　わがものの悲しきをりなれば、いみじく**あはれなり**と聞く。（更級日記・梅の立枝）

【連体】5　御子もいと**あはれなる**句を作り給へるを、（源氏物語・桐壺）

【已然】6　得たるはいとよし、得ずなりぬるこそいと**あはれなれ**。（枕草子・正月一日は）

●タリ活用

【連用】7　涼風**颯々《さつさつ》たり**し夜なかばに、（平家物語・青山之沙汰《せいざんのさた》）

【連用】8　高山**森々として**一鳥声きかず、（奥の細道・尿前《しとまえ》の関）

【終止】9　夕殿《せきでん》に蛍飛んで思ひ**悄然《せうぜん》たり**（和漢朗詠集・下・恋）

【連体】10　かの滋藤**漫々たる**海上《かいしやう》を遠見して、（平家物語・五節《ごせち》之沙汰）

☝学習のポイント

①形容動詞は、ラ変型（ら・り・り・る・れ・れ）の活用をする。
②ナリ活用連用形は「なり／に」、タリ活用連用形は「たり／と」。

①形容動詞は、ラ変型（ら・り・り・る・れ・れ）の活用をする。

形容動詞が、自立語で活用があり、用言であるという特徴は「形容詞」と全く同じですが、

1　（どんな場合も）黙って見ているような夫婦仲こそ、宿縁も深く**心を打つものであろうが**、

2　**優しくしてくださった**（あなたの）心遣いは、忘れるときはないでしょう。

3　秋の台風の翌日（の景色）は、たいそう**しみじみとした情趣があり風情がある**ものだ。

4　私自身が悲しんでいる折であるので、（妻を亡くした方のことを）たいそう**お気の毒だ**と聞く。

5　若宮（光源氏）も実に**みごとな**詩句をお作りになったので、

6　（官職を）手にしたときはほんとうによいが、手に入れずに終わったときはひどく**気の毒である**。

7　涼しい風が**さわやかに吹いてい**た夜更け《よふけ》に、

8　山は高く、**木々が生い茂り**、鳥の声ひとつ聞こえない、

9　夕暮れの宮殿に蛍が飛び、思いは**しょんぼりと憂いに沈む**。

10　あの滋藤は**広々とした**海の上を遠く見て、

重要なのはラ変型の活用をし、終止形が「なり」「たり」となるという特徴です。ここが形容詞と形容動詞の違いになるので、しっかりと覚えておきましょう。文中で活用している場合は、終止形が「なり」「たり」となることを確認して下さい。ラ行四段活用の終止形「なる」（「重なる」など）、「たる」（「足る」「下る」など）と間違えないようにします。

②ナリ活用連用形は「なり／に」、タリ活用連用形は「たり／と」。

ナリ活用もタリ活用もラ変型の活用をします。両者の注意すべき点は、連用形に「に」または「と」の形があることです。なぜこのようなものがこのようなところにあるのか、不思議に思うかもしれません。語源的には、語幹に相当するいろいろな語が助詞「に」「と」を仲立ちとして動詞「あり」と結びつき、一個の品詞となったものが形容動詞です。

静か　↓　静か＋に＋あり　↓　静かなり

堂々　↓　堂々＋と＋あり　↓　堂々たり

つまり、「ni-ari ↓ nari」、「to-ari ↓ tari」と、後から加わった母音「a」が母音「i」「o」を追い出して「なり」「たり」と変化したわけです。「あり」と結びついたのですから、活用としては当然ラ変型になるのですが、もとからの「に」「と」も活用形の一つとして、連用形に残ったものなのです。

同じ連用形での「なり」と「に」の違い、「たり」と「と」の違いは、それぞれ後に続く語が助動詞の場合は「なり」「たり」につき、助動詞以外の場合は「に」「と」につくことです。形容詞に助動詞がつく場合、本活用ではなくラ変型活用をするカリ活用（補助活用）に接続するのと同じく、形容動詞の連用形に助動詞がつく場合も「に」「と」ではなく、ラ変型活用系列の「なり」「たり」のほうに接続するのです。

・助動詞の場合　↓「静か**なり**つる御遊び」　「颯々《さつさつ》**たり**し夜」

・助動詞以外の場合 →「静かに奉り給ふ」（動詞）「あはれにをかし」（形容詞）
「堂々とふるまふ」（動詞）「朦朧《もうろう》として」（助詞）

(2) 形容動詞の語幹の用法

形容詞と同様、形容動詞にも語幹特有の用法があります。

☝学習のポイント

①単独で、または感動詞や助詞「や」とともに用いて感動表現となる。
②助詞「の」を伴って、連体修飾語となる。
③接尾語がついて他の品詞となる。

①単独で、または感動詞や助詞「や」とともに用いて感動表現となる。

11 あなむざんや、斎藤別当にて候《さうら》ふなり。（平家物語・実盛《さねもり》）

②助詞「の」を伴って、連体修飾語となる。

12 むげのことをも仰せらるるものかな。（徒然草・一八八）

③接尾語がついて他の品詞となる。

・語幹＋「さ」→名詞「静かさ」
・語幹＋「がる」→動詞「あはれがる」

(3) 形容動詞の音便

形容動詞の音便は動詞や形容詞のように種類は多くはなく、ナリ活用の連体形にのみ撥音便が現れます。すなわち、ナリ活用の連体形に助動詞「なり（伝聞・推定）」「めり」「べし」

11 ああいたましいことよ、（この首は）斎藤別当でございます。
12 むちゃなことをおっしゃるものですね。

がつくとき、「る」が「ん」となり、それが表記されないことがあります。読むときは撥音「ン」を補って読むようにします。

あはれなるめり　↓　あはれなんめり　↓　あはれなめり〈しみじみと心が動かされる〉

●形容動詞と「名詞＋なり」の見分け方

形容動詞なのか、名詞に断定の助動詞「なり」がついたものなのか、あるいはほかの品詞なのか、時として悩む場合が少なくありません。形容動詞であるかどうか、次の見分け方を覚えておきましょう。

①語幹を主語にしてみる。

・成り立たない→形容動詞　穏やかなり→「穏やかが」とはいえない。

・成り立つ　→名詞＋なり　乳母《めのと》なり　→「乳母が」といえる。

形容動詞は、物や人の性質・性格・状態を表して述語になる働きがあるのに対し、名詞は主語となる働きがあります。したがって、主語になり得るか否かで形容動詞か名詞かを見分けることができます。名詞には、物や人・動物の名称から数字、時には抽象的概念も含みます。

②上に副詞「いと」をつけてみる。

・成り立つ　→形容動詞　○いと穏やかなり

・成り立たない→名詞＋なり　×いと乳母なり

副詞「いと」は、下に形容動詞などの用言を伴って「たいそう・非常に・まったく」の意を表します。副詞「いと」が名詞を修飾することはありません。

③現代語にしてみて、連体形「な」が

・成り立つ　　↓形容動詞　　◯穏やかな人
・成り立たない↓名詞＋なり　×乳母な人

現代語の形容動詞は「だろ・だっ／で／に・だ・な・なら・◯」と活用します。形容動詞の連体形はすべて「―な」の形になります。

また、「に」を伴う副詞の場合も、形容動詞のナリ活用連用形とは同型なので区別しにくいのですが、この③の方法で判断できます。例えば「直ちに」の場合は、「直ちな人」とは言えませんから、形容動詞ではなく、副詞と判断します。

【チェックテスト】

問一　次の文章の空欄に適当な語を補いなさい。
形容動詞は、形容詞とともに物や人の性質や状態、感情を表す（　1　）である。ナリ活用と（　2　）活用の二種類の活用があり、それぞれ言い切りの形が「（　3　）」「（　4　）」となる。

問二　次の語の品詞名と活用の種類を答えなさい。
1　愚かなり（　　　活用）
2　悠々《いういう》たり（　　　活用）

問三　次の文中から形容動詞を抜き出しなさい。
さすがあはれに覚えて、昼は漫々たる大海に、波路を分けて袖を濡らし、夜は洲崎の千鳥とともに鳴きあかす。
（平家物語・六道之沙汰）

【チェックテスト解答・訳】

問一　1　用言　2　タリ　3　なり　4　たり
問二　1　ナリ　2　タリ
問三　あはれに・漫々たる
問三　そうはいっても悲しく思われて、昼は水をたたえた海原の、波路を漕ぎ進んで涙で袖を濡らし、夜は浅瀬で鳴く千鳥とともに泣き明かす。

練習問題

問一　次の傍線部の形容詞・形容動詞の基本形を答えなさい。

1　ゆかしかりしかど、神へ参るこそ本意《ほい》なれと思ひて、山までは見ず。（徒然草・五二）

2　まいて、験者《げんじゃ》などは、いと苦しげなめり。（枕草子・思はん子を）

3　いみじく思ふ女の、若くうつくしかりけるを、（古本説話集・上ノ一九）

4　（大通りの様子も）はなやかにうれしげなるこそ、またあはれなれ。（徒然草・一九）

5　妻、にくげなることどもを言ひつづくるに、（女を）追ひ出《い》だしけり。（古本説話集・上ノ一九）

6　富士の山を見れば、五月のつごもりに、雪いと白う降れり。（伊勢物語・九）

7　あけぼのの空朧々《ろうろう》として、月は有明にて光をさまれるものから、（奥の細道・旅立ち）

問二　次の傍線部の語の品詞と活用の種類、基本形、文中での活用形を答えなさい。

1　おごれる人も久しからず、ただ春の夜の夢のごとし。（平家物語・祇園精舎《ぎをんしやうじや》）

2　稀有にして助かりたるさまにて、這ふ這ふ家に入りにけり。（徒然草・八九）

3　この坊の、またいまいましきことのたまふ。（沙石集・八ノ一九）

4　下総《しもふさ》の国のある渡りに、便船《びんせん》せむとて若き法師出《い》で来たる、（沙石集・八ノ一九）

5　三五夜《さんごや》の中の新月白く冴え、涼風颯々《さつさつ》たりし夜半ばに、（平家物語・青山之沙汰《さた》）

問三　次の（　　）内の語を適当な形に改めなさい。

【練習問題訳】

問一　1　行ってみたいと思ったが、神へ参拝するのが私の本意であると思って、山までは見なかった。

2　まして、修験者などは、たいそう苦しそうであるようだ。

3　たいそういとしく思う女で、若くかわいらしかった女を、

4　（大通りの様子も）陽気でうれしそうなのが、またしみじみと趣深く感じられる。

5　妻は、憎らしいことなどを言い続けているうちに、（女を）追い出した。

6　富士の山を見ると、五月の下旬（の暑い盛り）に、雪がたいそう白く降っている。

7　明け方の空はおぼろにかすみ、月は有明の月で光は薄らいでいるものの、

問二　1　おごり高ぶっている人（の栄華）も長く続くものではなく、まるで（覚めやすいと言われている）春の夜の夢のようである。

2　不思議に命が助かった様子で、

1 かぐや姫のかたち（優《いう》なり）おはすなり。（竹取物語・御門《みかど》の求婚）

2 「何しに人とほめけん」など、…聞くにも（恥ずかし）ど、（枕草子・頭の中将の、すずろなるそら言を）

3 北には青山（峨々《がが》たり）して、松吹く風索々《さくさく》たり。（平家物語・海道下《かいどうくだり》）

4 丹波に出雲といふ所あり。大社を移して（めでたし）造れり。（徒然草・二三六）

問四 傍線の部分を文法の上から説明しなさい。

1 和歌の浦に潮みちくれば潟を無み葦辺をさして鶴《たづ》鳴き渡る（万葉集・九一九）

2 むげのことをも仰せらるるものかな。（徒然草・一八八）

3 猫のいと①和《なご》う鳴いたるを、驚きて見れば、②いみじうをかしげなる猫あり。（更級日記・大納言殿の姫君）

4 あな、不思議、火もあれほど多かりけるな。（平家物語・烽火之沙汰）

5 いでや、この世に生まれては願はしかるべきことこそ多かめれ。（徒然草・一）

問五 次の傍線部を現代語訳しなさい。

1 みやこ人いかがとはば山たかみはれぬ雲ゐにわぶとこたへよ（古今集・九三七）

2 おぼろげの紙はえ張るまじければ、もとめはべるなり。（枕草子・中納言まゐり給ひて）

3 あなめでた、大納言ばかりに沓《くつ》取らせ奉り給ふよ、と見ゆ。（枕草子・関白殿、黒戸より）

4 まことに知らぬ人もなどかなからむ。（徒然草・二三四）

5 女童《めのわらは》、「あら心づきなのやうや」と、そぞろ腹立ちてつぶやきけるは、（沙石集・三ノ九）

這うようにして家に入ってしまった。

3 この坊様が、また縁起でもないことをおっしゃる。

4 下総の国のある渡し場に、船に便乗しようといって若い法師が出てきたが、

5 十五夜の夜中にのぼりはじめた月は白く冴えて、涼しい風がさあっと吹いてきた夜半に、

問三 1 かぐや姫の容貌はすばらしくすぐれていらっしゃるそうだ。

2 「どうして（清少納言を）人並みにほめたのだろう」などと、…聞くにつけ恥ずかしいけれど、

3 北側には青々とした山が険しくそびえて、松の間を吹く風も寂しく響く。

4 丹波の国に出雲というところがある。出雲大社の神の分霊を移して、立派に造ってある。

（**問四・問五**の訳は「解答・解説編」にあります。）

助詞編

付属語で活用のない語を助詞といいます。助詞は一音節（かな一字で表される音）か、二音節のものが大部分で、常に自立語の下について文節を構成します。その文節と他の文節との関係を示すものに「格助詞」「接続助詞」、その文節にさまざまな意味を添える働きをするものに「係助詞」「副助詞」「終助詞」「間投助詞」があります。語と語の関係を示し、さまざまな意味を添える助詞は、話し手・書き手の判断や感情・意思を伝えるものですから、解釈に際しては、それぞれのニュアンスを大切にすることが必要です。

1 **格助詞**……主として体言について、下の語に対する関係を示す。
↓が・の・を・に・より・から・にて・と・して・へ

2 **接続助詞**…用言や助動詞について、下の文節に続ける。
↓ば・と・とも・ど・ども・が・に・を・て・して・で・つつ・ながら・ものの・ものを・ものから・ものゆゑ

3 **係助詞**……いろいろな語について、文の結びに一定の言い方を要求する。
↓は・も・ぞ・なむ・や・か・こそ

4 **副助詞**……上の語の意味を限定し、下に来る用言を修飾する。
↓だに・すら・さへ・のみ・ばかり・まで・など・し

5 **終助詞**……文の終わりに用いられて、禁止・願望・詠嘆などを表す。
↓な・そ・ばや・なむ・もがな・しが・てしが・にしが・か・かも・かな・かし

6 **間投助詞**…文中・文末に用いられて、詠嘆や強意などを表す。
↓や・よ・を

1 格助詞

格助詞の「格」というのは、文中にある体言（名詞・代名詞）が他の語とどのような関係をもつか、その資格というほどの意味です。すなわち、名詞・代名詞に添ってその資格を明らかにするのが格助詞なのです。格助詞の用法には次のような種類があります。

・主格（主語である資格）…………が・の
・連体修飾格（体言にかかる資格）…が・の
・連用修飾格（用言にかかる資格）…を・に・より・から・にて・と・して・へ
・同格（同じ資格）…………が・の
・体言の代用……………………が・の

【が】【の】 接続 体言・連体形などにつく

①主格〈…が〉

1 汝《なむぢ》が持ちて侍るかぐや姫たてまつれ。（竹取物語・御門《みかど》の求婚）

2 ひさかたの光のどけき春の日にしづ心なく花の散るらむ（古今集・八四）

②連体修飾格〈…の〉

3 まろが桜は、咲きにけり。（源氏物語・幻）

4 春の夜の夢の浮橋とだえして嶺にわかるる横雲の空（新古今集・三八）

③同格〈…で・…であって〉

5 いとやむごとなき際にはあらぬが、すぐれて時めき給ふありけり。（源氏物語・桐壺）

---

1 お前が持っているかぐや姫を献上せよ。

2 日の光がのどかな春の日に、どうして落ち着いた心もなく桜の花が散るのだろう。（「ひさかたの」は「光」にかかる枕詞。）

3 私の桜は、咲いてしまったことだなあ。

4 水に浮かぶ浮橋のようにはかない春の夜の夢が、ふととぎれて、（目が覚めてみると）峰のあたりを横雲が離れていく、曙《あけぼの》の空だよ。

5 たいへん高貴な身分ではないお方で、ひときわご寵愛の深いお方があった。

6　白き鳥の、嘴《はし》と脚と赤き、鴫《しぎ》の大きさなる、水の上に遊びつつ魚《いを》を食ふ。（伊勢物語・九）

④体言の代用〈…のもの・…のこと〉

7　いかなれば四条大納言のはめでたく、兼久がはわろかるべき。（宇治拾遺物語・一ノ一〇）

「体言の代用」のように、下の被修飾語である体言が省略されて一つの体言のようにして用いられる「の」「が」を「準体助詞」と呼ぶことがあります。

⑤比喩〈…のように・…のような〉（「の」のみの用法）

8　春日野の雪間をわけて生ひ出《い》でくる草のはつかに見えし君はも（古今集・四七八）

●「が」と「の」の尊卑の差

「が」と「の」はほぼ同じように使われる格助詞ですが、主格や連体格を表す「が」と「の」には用法上に尊卑の差がありました。

『宇治拾遺物語』に次のような話が見えます。

9　われが身は竹の林にあらねどもさたが衣を脱ぎかくるかな（宇治拾遺物語・七ノ二）

これは、「さた」という侍が縫物を頼んだ女房から、ほころびを縫う代わりに衣につけて投げ返された和歌ですが、これを見た男は「『さたの』とこそいふべきに……『さたが』といふべき事か」〈「さたの」と言うべきなのに……「さたが」と言うべき法があるものか〉と言って怒ったという話です。

また、『古今集』には、次のような左注が見られます。

・ある人のいはく、この歌は奈良帝の御歌なり。（二二二）

・この歌は、ある人のいはく、柿本人麻呂が歌なり。（六七一）

6　白い鳥で、くちばしと脚が赤い、鴫ほどの大きさの鳥が、水の上で遊びながら魚を食っている。

7　どうして四条大納言のもの（＝歌）はすばらしく、兼久のものは悪いはずがあろうか。

8　春日野の残雪の間をおしわけてわずかに萌え出てくる若草。その若草のように、ほんのわずかにお見かけしたあなたでしたよ。（初句から「草の」までが序詞《じょことば》で、「はつかに見えし」を導く。）

9　自分の体は竹の林ではないのに、「さた」が衣を脱ぎかけてきたことだよ。

「奈良帝（＝平城天皇）」と「御歌」の間には「の」が入り、「人麻呂」と「歌」の間には「が」が入っています。

これらのことによって「の」を用いれば、用いられた人に対する尊敬の意を表すことになり、「が」を用いれば、なれなれしさやさげすみの意を表す傾向があるということが知られます。

●同格用法の現代語訳

③の同格用法は注意が必要です。例文5の「あらぬが」における「が」を接続助詞と見て「たいへん高貴な身分ではないけれど、」と訳しがちです。しかし、ここでの「あらぬ」は連体形で、その下に「人」が略されており、同じく「時めきたまふ」の下にも「人」が省略されています。この「やむごとなき際にはあらぬ」人と「時めきたまふ」人とは同じ人物、すなわち同格とみて、「たいへん高貴な身分ではないお方で、ひときわ御寵愛の深いお方があった」と訳すべきところです。もっとも、これは『源氏物語』が書かれた中古には、まだ接続助詞の「が」が成立していないためで、中世の作品である『平家物語』や『徒然草』になると接続助詞「が」も多く見られるようになります。

同格「が」の用例は数少ないのですが、一方、同格「の」の用例は多く、しばしば設問化されテストに頻出する用法ですから、現代語訳に慣れておきましょう。

同格を示す格助詞「の」は、一般に次のような形になります。

「**(連体修飾語) ＋ 体言 ＋ の、…連体形 ＋ 助詞 (が・に・を)**」

この場合「の」は「…で・…であって」と訳し、次の連体形の下に、上にある体言を補って訳すようにします。例文6の場合は、「白い鳥で、鴫ほどの大きさの鳥が、水の上で……」となります。

【チェックテスト解答・訳】

1 ウ　2 オ　3 イ
4 どちらもエ　5 ア

1 大きなみかんの木で、枝もたわむほどに実っている木が、

【チェックテスト】

問　次の傍線部の格助詞の用法として適切なものを後から選びなさい。

1　大きなる柑子《こうじ》の木の、枝もたわわになりたるが、（徒然草・一一）

2　紫草《むらさき》の匂へる妹《いも》を憎くあらば人妻ゆゑに我れ恋ひめやも（万葉集・二一）

3　二、三十人が中にわづかに一人二人なり。（方丈記・一）

4　草の花は、なでしこ。唐《から》のはさらなり、大和《やまと》のもいとめでたし。（枕草子・草の花は）

5　雀の子を犬君《いぬき》が逃がしつる。（源氏物語・若紫）

ア　主格　イ　連体修飾格　ウ　同格　エ　体言の代用　オ　比喩

【を】 **接続** **体言・連体形などにつく**

①動作の対象〈…を・…に〉

1　（光源氏は）しりへの山に立ち出《い》でて、京の方**を**見給ふ。（源氏物語・若紫）

②動作の起点〈…を・…から〉

2　さびしさに宿**を**立ち出でてながむればいづこも同じ秋の夕暮れ（後拾遺集・三三三）

③経過する場所・時間〈…を・…を通って〉

3　黒崎の松原**を**経てゆく。（土佐日記・二月一日）

●「を」の慣用表現

「を」の慣用表現として「音《ね》**を**なく」〈声を出してなく〉、「寝《い》**を**寝《ぬ》」〈寝る〉があります。「なく」は「泣く」とも「鳴く」とも書き、人が泣く表現にも鳥や動物が鳴く表現としても用いられます。また、「泣く」ことや「寝る」ことの強調であるため、例文4・5のように、強意の助詞「も」「ぞ」「のみ」などを伴う例も多く見られます。

2　紫草からとれる染料**のように**美しいあなたを憎く思うならば、人妻であるのに何でこの私が恋焦がれようか（いや、恋したりはしません）。

3　二、三十人**の**中でわずかに一人か二人である。

4　草の花はなでしこがすばらしい。唐**なでしこ**はいうまでもなく、大和**なでしこ**もたいそう立派だ。

5　雀の子を犬君**が**逃がしてしまったの。

1　（光源氏は）後方の山に立って出て行き、都の方**を**御覧になる。

2　さびしさに誘われるように庵《いおり》**から**出てあたりを眺めると、見渡す限り、どこも同じさびしさだ。この秋の夕暮れは。

3　黒崎の松原**を通っ**てゆく。

4　まして女は船底に頭を押し当てて、声をあげて泣くばかりである。

5　昼は一日中、寝ることをするばかりで（＝寝てばかりで）日を暮らし、夜はしゃきっと起きて座っていて、

4 まして女は船底に頭《かしら》をつきあてて音《ね》をのみぞ泣く。（土佐日記・一月九日）

5 昼は日一日《ひひとひ》、寝《い》をのみ寝《ね》くらし、夜はすくよかに起きゐて、（源氏物語・明石）

【に】 接続 体言・連体形などにつく

①場所・時間〈…に・…で〉

6 朝《あした》**に**死に、夕《ゆふべ》**に**生まるるならひ、ただ水の泡にぞ似たりける。（方丈記・一）

②動作の対象〈…に・…と〉

7 はや船**に**乗れ、日も暮れぬ。（伊勢物語・九）

③動作の目的〈…のために・…に〉＊この場合は連用形につく

8「今日なむ天竺《てんじく》へ石の鉢取り**に**まかる」と聞かせて、（竹取物語・仏の御石の鉢）

④変化の結果・帰着点〈…に・…と〉

9 三月《みつき》ばかりになる程に、よき程なる人**に**なりぬれば、（竹取物語・かぐや姫の生い立ち）

⑤原因・理由〈…で・…のために・…によって〉

10 入道相国《にふだうしやうこく》あまりのうれしさ**に**声をあげてぞ泣かれける。（平家物語・御産《ごさん》）

⑥受身・使役の対象〈…に〉

11 手のわろき人の、……見ぐるしとて、人**に**書かするはうるさし。（徒然草・三五）

⑦比較の基準〈…に・…より〉

12 池の広きこと海**に**劣らず、水の清きこと鏡の面《おもて》**に**劣らず。（宇津保物語・吹上《ふきあげ》）

⑧添加・列挙〈…のうえに・…にさらに〉

13 あてなるもの、……削り氷《ひ》**に**あまづら入れて、（枕草子・あてなるもの）

●**強意を表す「に」**

---

6 朝**に**死ぬ（人がいるか）と思うと、夕方**に**生まれる（人もいる）という人の世の常（の姿）は、ちょうど（水面に消えては現れる）水の泡に似ていることだ。

7 早く船**に**乗れ、日も暮れてしまう。

8「今日、まさに天竺へ石の鉢を取り**に**参ります」と知らせておいて、

9 三か月ほどで、一人前の人間ほどの背丈の人**に**なったので、

10 入道相国（＝平清盛）はあまりの嬉しさ**のために**声をあげてお泣きになったのでした。

11 文字の上手でない人が、……見苦しいといって、他人**に**代筆させるのは煩わしいことだ。

12 池の広いことは大海**に**も劣っていないし、その水の澄んでいることは鏡の面**に**も劣っていない。

13 上品なもの、……削った氷**にさらに**あまづら（＝甘味料）を加えて、

14 どうしようもなくて、**ただ泣くばかり**であった。

15 （夕顔は）**どんどん**冷えていって、

格助詞「に」には、同じ動詞を重ねて間にはさみ、その動作や状態の意味を強める働きがあります。この場合は、動詞の連用形に接続します。

14 せむ方もなくて、ただ泣きに泣きけり。（伊勢物語・四一）

15 ただ冷えに冷え入りて、息はとく絶えはてにけり。（源氏物語・夕顔）

●動作主を暗示する「に」

日本語における敬意表現の一つとして、主語を直接には示さず、場所を示すことによって間接的に主語を表す方法があります。身分の高い人を直接主語にすることを避けて、その場で行われるという形で、その主語を暗示する方法です〈…におかれても〉。多くの場合、「にも」「には」「にこそ」の形をとります。

16 内にも、院にも、うれしきことに思し召したり。（栄花物語・浦々の別《わかれ》）

17 弘徽殿《こきでん》には、久しう上《かみ》の御局《みつぼね》にも参《ま》うのぼり給はず、（源氏物語・桐壺）

【チェックテスト】

問　次の傍線部の格助詞の用法として適切なものを選びなさい。

1 舟を出して阿波《あわ》の水門《みなと》をわたる。（土佐日記・一月三〇日）

2 二十二日に、和泉《いづみ》の国までと願《ぐわん》立つ。（土佐日記・一二月二二日）

3 つれづれなるままに、日暮し硯《すずり》に向かひて、（徒然草・序）

4 都をば霞とともに立ちしかど秋風ぞ吹く白河の関（後拾遺集・五一八）

5 夜は風の騒ぎに寝られざりければ、（枕草子・野分のまたの日こそ）

ア　時間・場所　イ　動作の対象　ウ　原因・理由　エ　経過する場所・時間

オ　動作の起点

息はとっくに絶え果ててしまっていたのだった。

16 帝におかれても、上皇さまにおかれても、嬉しいことだとお思いなさった。

17 弘徽殿の女御《にょうご》におかれては、長らく上の御局にもお上がりなさらないし、

【チェックテスト解答・訳】

1 エ　2 ア　3 イ　4 オ

5 ウ

1 舟を出して阿波の水門を渡っていく。

2 二十二日に、和泉の国まで、旅がやすらかであるようにと願を立てる。

3 何もすることがなく無聊《ぶりょう》なのにまかせて、一日中硯に向かって、

4 都を、かすみの立つ春の季節に旅立ったが、秋風が吹いていることだ。今日、この白河の関には。

5 夜は風の騒ぐ音で眠れなかったので、

【より】 接続 体言・連体形につく

①動作の起点（場所・時間）〈…から〉

1　大和**より**上りたりと聞く人の、訪れぬに、（和泉式部集・続集）

②経由する場所〈…から・…を通って〉

2　東面《ひむがしおもて》の小門**より**入らせたまへ。（平家物語・小督《こごう》）

③比較の基準〈…より・…に比べて〉

3　おなじほど、それ**より**下﨟《げらふ》の更衣たちはまして、安からず。（源氏物語・桐壺）

④手段・方法〈…で・…によって〉

4　山険《けは》しく御馬より下りて、徒歩《かち》**より**上らせおはします。（保元物語・中）

⑤限定〈…より・…よりほかに〉　＊打消とともに用いる

5　ひぐらしの鳴く山里の夕暮れは風**より**ほかに訪《と》ふ人もなし（古今集・二〇五）

⑥即時〈…やいなや・…するとすぐ〉　＊連体形につく

6　命婦、かしこにまかで着きて、門ひき入るる**より**、けはひあはれなり。（源氏物語・桐壺）

【から】 接続 体言・連体形につく

①起点〈…から〉

7　去年《こぞ》**から**山籠りし侍るなり。（蜻蛉日記・下）

②経過する場所〈…を・…を通って〉

8　月夜良み妹《いも》に逢はむと直道《ただぢ》**から**我は来つれど夜ぞふけにける（万葉集・二六一八）

1　大和の国**から**上京していると聞く人が、訪ねて来ないので、

2　東面の小門**を通って**お入り下さい。

3　同じ身分、あるいはそれ**より**低い地位の更衣たちは、なおさら心穏やかではない。

4　山が険しいので馬から下りて、徒歩**で**お上りなさる。

5　ひぐらしが鳴いている山里の夕暮れは、風**より**ほかに訪ねてくる人はいないものだ。

6　命婦がかのところ（＝桐壺の更衣の里）に（宮中から）退出し到着して、門内に車を引き入れる**とすぐに**、邸内の様子に哀れを感じられる。

7　去年**から**山寺に籠っているのです。

8　月がとても好いので、いとしいあの子に逢おうと、まっすぐな近道**を通って**きたけれど、夜はすっかり更けてしまったことだ。

9　徒歩**で**お伺いして、話をしてお慰めいたしましょう。

10　多くの場合は、私のような男の

③手段・方法〈…で〉

9　徒歩《かち》から**まか**りて、いひ慰め侍らむ。（落窪物語・一）

④原因・理由〈…によって〉

10　多くは、わが心も見る人**から**をさまりぬべし。（源氏物語・帚木《ははきぎ》）

11　長しとも思ひぞはてぬ昔よりあふ人**から**の秋の夜なれば（古今集・六三六）

【にて】接続　体言・連体形につく

①場所・時間〈…で・…ときに〉

12　願はくは花の下《もと》**にて**春死なむその如月《きさらぎ》の望月《もちづき》のころ（山家《やまが》集・上）

②手段・材料〈…で・…によって〉

13　女のはける足駄《あしだ》**にて**作れる笛には、秋の鹿必ず寄るとぞ言ひ伝へ侍る。（徒然草・九）

③原因・理由〈…で・…によって・…のために〉

14　何ばかりのあやまち**にて**かこの渚《なぎさ》に命をばきはめむ。（源氏物語・明石）

●「にて」の識別

格助詞「にて」と断定の助動詞「に」＋接続助詞「て」は、現代語に訳して見分けます。

a 格助詞「にて」→「…で」

b 断定の助動詞「なり」の連用形「に」＋接続助詞「て」→「…であって」

15　深き河を舟**にて**渡る。（更級日記・かどで）

16　まこと**にて**違《たが》はず。（徒然草・一八九）

例文15は、「舟で」と訳せますから格助詞「にて」。例文16は、「真実であって」と訳せ

心も世話をする女性**によって**落ち着いたりするものです。

11　「秋の夜は長い」なんて決めつけることはできない。昔から、逢う人**によって**長くも短くも感じられるのが秋の夜なのだから。

12　（私の）願うことは、桜の花の下**で**春のさ中に死にたいものだ。あの（釈尊の涅槃《ねはん》の日、）二月十五日の満月の頃に。

13　女のはいた高げた**で**作った笛を吹くと、秋の鹿が必ず慕い寄ってくるという言い伝えもあります。

14　どれほどの罪**によって**この海のほとりで一生を終えるというのであろうか。

15　深い河を舟**で**渡る。

16　真実**であって**、間違いない。

ますから「断定の助動詞『なり』の連用形『に』＋接続助詞『て』」と判断します。

【チェックテスト】

問　次の傍線部の格助詞の用法として適切なものを選びなさい。

1　何事ぞとて遣戸《やりど》から顔をさし出でたりければ、（宇治拾遺物語・一〇ノ九）
2　ただ一人徒歩《かち》よりまうでけり。（徒然草・五二）
3　この負け侍《ざむらひ》、思ひかけぬことにて、捕らへられて、（宇治拾遺物語・六ノ四）
4　名を聞くより、やがて面影は推し量らるる心地するを、（徒然草・七一）
5　十二にて、御元服し給ふ。（源氏物語・桐壺）

ア　手段・方法　イ　原因・理由　ウ　動作の起点　エ　即時
オ　時間・場所

【と】接続　体言・連体形・引用句につく

①動作を共にする相手〈…と・…とともに〉

1　妹《いも》と来《こ》し敏馬《みぬめ》の崎を帰るさにひとりして見れば涙ぐましも（万葉集・四四九）

②変化の結果〈…と・…に〉

2　家はこぼたれて淀河に浮かび、地は目の前の畠となる。（方丈記・二）

③引用〈…と・…と言って〉＊言い切る形に接続する。

3　「いかなる所ぞ」と問へば、（更級日記・竹芝寺）

④比喩〈…のように・…と同じに〉

【チェックテスト解答・訳】

1 ウ　2 ア　3 イ　4 エ
5 オ

1　何事ですかと言って遣戸から顔をだすと、
2　たった一人徒歩で参詣した。
3　この負け侍は、思いがけないことによって、捕らえられて、
4　名前を聞くやいなや、すぐに顔かたちは想像される気持ちがするが、
5　十二歳で、元服なさる。

1（京からは）妻といっしょに来た敏馬の崎を、（今、京へ）帰るときにひとりで見ると自然に涙ぐまれることよ。
2　家は壊されて（筏《いかだ》に組まれて）淀川に浮かび、宅地はみるみる畑となる。
3「（ここは）どういう所なのか」と（寺の人に）尋ねると、

4　笛の音《ね》のただ秋風と聞こゆるに、（更級日記・大納言殿の姫君）

⑤並列〈…と〉

5　世の中にある人と栖《すみか》と、またかくのごとし。（方丈記・一）

⑥比較の基準〈…と・…に比べて〉

6　葉のひろごりざまぞ、うたてこちたけれど、こと木どもとひとしういふべきにもあらず。（枕草子・木の花は）

●引用の「と」

「と」は、一般に体言や連体形につきますが、③の引用の場合は言い切りの形に接続します。人の言葉や思うことなどを受けて引用を表す表現です。「言ふ」「思ふ」「聞く」「問ふ」「見ゆ」「知る」などの動詞へ続けて、その内容を示します。

また、「…と言って」「…と思って」「…として」などの意で、あとに続く動作や状態の目的や理由などを示す働きもあります（例文7）。

7　勝たんとうつべからず、負けじとうつべきなり。（徒然草・一一〇）

●強調用法の「と」

「と」には動詞を重ねて「ありとある」〈ある限りすべての〉、「生きとし生けるもの」〈生きているすべての〉のように強調する慣用表現があります。この場合の「と」は動詞の連用形に接続します。

8　わが家にありとある人召し集めてのたまはく、（竹取物語・竜《たつ》の頸《くび》の玉）

9　生きとし生けるもの、いづれか歌をよまざりける。（古今集・仮名序）

●「と」の識別

格助詞「と」と紛らわしいものに、断定の助動詞「たり」の連用形「と」があります。

4　笛の音はまるで秋風のように聞こえるのに、

5　この世に生きている人と（その人の）住まいとは、またこのようなものだ。

6　（桐の木の）葉の広がり方は、いやに仰々しいけれども、他の木々と同じように論ずべきでもない。

7　（双六《すごろく》は）勝とうと思って打ってはならず、負けまいと思って打つべきである。

8　自分の家にあらゆる人々を召し集めておっしゃることには、

9　あらゆる生きものは、どれが歌を詠まなかっただろうか（いや、詠まないものなどありはしない）。

a 格助詞 ↓**体言・連体形に接続する。** ↓**例文10**

b 断定の助動詞「たり」の連用形「と」 ↓**体言に接続する。** ↓**例文11**

bの場合は、「とあり」〈…である〉・「として」〈…であって〉の形で用いられることが多い。「あり」はラ変補助動詞、「して」は接続助詞。

10 何事ぞや。童《わらは》べ**と**腹立ち給へるか。 （源氏物語・若紫）

11 下《しも》**と**して上《かみ》に逆《さか》ふること、あに人臣の礼たらんや。 （平家物語・法印問答）

【して】 接続 体言につく

①手段・方法〈…で・…でもって〉

12 長き爪**して**眼をつかみつぶさむ。 （竹取物語・かぐや姫の昇天）

②動作を共にする相手〈…と・…と一緒に〉

13 もとより友とする人、一人二人**して**行きけり。 （伊勢物語・九）

③使役の対象〈…に命じて〉

14 楫《かぢ》取り**して**幣《ぬさ》たいまつらするに、 （土佐日記・一月二六日）

●「して」の識別

格助詞「して」には、接続助詞など、紛れやすいものがありますので注意を要します。

a 格助詞 ↓**体言・連体形に接続する。手段・方法などを表す。**〈…で〉 ↓**例文15**

b 接続助詞 ↓**連用形に接続する。**〈…て・…で・…であって〉 ↓**例文16**

c サ変動詞「す」の連用形「し」＋接続助詞「て」
↓**文節の頭にあって「し」に動作を「する」意がある。** ↓**例文17**

bの接続助詞の場合は、例文16のように、形容詞・形容動詞および形容詞・形容動詞型

---

10 どうしたのか。子どもたち**と**けんかをなさったのか。

11 臣下**で**あって主君に逆らうことは、どうして人臣の礼であろうか。

12 （迎えに来る人を）長い爪**で**、眼をつかみ潰《つぶ》しましょう。

13 以前から友人としている人、一人二人**と一緒に**行った。

14 梶取り**に命じて**、幣をささげたところ、

15 （少将の君の裳は）蝶や鳥などを、銀糸**で**刺繍をして光り輝かしている。

活用の助動詞（「ず」を含む）の連用形に接続します。動詞に接続することはありません。

15　蝶・鳥などを、白銀《しろがね》**して**作り輝かしたり。（紫式部日記）

16　玉くしげ見諸戸山《みもろとやま》を行きしかば面白く**して**古《いにしへ》思ほゆ（万葉集・一二四〇）

17　女も**して**みむとて、するなり。（土佐日記・発端）

【へ】接続　体言につく

①方向・目標〈…へ・…のほうへ〉

18　桜田**へ**鶴《たづ》鳴き渡る年魚市潟《あゆちがた》潮干《しほひ》にけらし鶴鳴き渡る（万葉集・二七一）

【チェックテスト】

問　次の傍線部の格助詞の用法として適切なものを選びなさい。

1　同じ心ならむ人と、しめやかに物語して、（徒然草・一二）

2　蔵人して、削りくづをつがはしてみよ。（大鏡・道長）

3　昔、男、和泉《いづみ》の国へいきけり。（伊勢物語・六八）

4　まづ扇してこなたあなたあふぎちらして、（枕草子・にくきもの）

5　その人程なくうせにけりと聞きはべりし。（徒然草・三二）

ア　引用　イ　使役の対象　ウ　動作を共にする相手　エ　方向・目標

オ　手段・方法

16　見諸戸山を歩いて行ったところ、その山の眺めがすばらしく**て**昔のことがしのばれることだ。（「玉くしげ」は「み」にかかる枕詞。）

17　女も**して**みようと思って、書くのである。

18　桜田**のほうへ**、鶴が鳴きながら飛んでいく。年魚市潟の潮が引いたらしい。鶴が鳴きながら飛んでいく。

【チェックテスト解答・訳】

1　ウ　2　イ　3　エ　4　オ　5　ア

1　気心のしっくりあった友人**と**、しんみりと話をして、

2　蔵人**に命じて**、削りくずを（柱に）当ててみよ。

3　昔、ある男が、和泉の国**のほうへ**行った。

4　まず扇**で**（座るのに邪魔になるものを）あちらこちらへとあおぎ散らして、

5　その人は間もなく世を去った**と**聞きました。

2 接続助詞

主に用言・助動詞について下の文節に続ける働きを示す助詞を接続助詞といいます。用言は事がらを述べる働きを持ちますから、接続助詞は二つの異なる事がらをつないで、一つの文にまとめあげるものだといえます。

接続助詞は、その続き方から単純接続と条件接続に大別されます。条件接続の場合に、その働きを押さえるには、順接か逆接かを明らかにした上で、さらに仮定条件か確定条件かを考えるようにします。

- 単純接続……………………が・に・を・て・して・で・つつ・ながら
- 条件接続
  - 順接
    - 仮定条件…ば（未然形接続）
    - 確定条件…ば（已然形接続）・に・を・て・して
  - 逆接
    - 仮定条件…と・とも
    - 確定条件…ど・ども・が・に・を・ながら・ものの・ものを・ものから・ものゆゑ

【ば】接続 未然形・已然形につく

①順接の仮定条件〈…なら・…たら・…ならば〉 ＊未然形に接続する

1 悪人のまねとて人を殺さ**ば**、悪人なり。（徒然草・八五）

②順接の確定条件 ＊已然形に接続する

a原因・理由〈…から・…ので〉

---

1 悪人のまねだといって人を殺し**たら**、（それは）悪人である。

2　海荒ければ、船出だ《い》さず。（土佐日記・一月一八日）

b偶然条件〈…と・…ところ〉

3　東《ひむがし》の野にかぎろひの立つ見えてかへり見すれば月かたぶきぬ（万葉集・四八）

c恒常条件〈…といつも・…と必ず〉

4　翁、心地悪しく苦しき時も、この子を見れば苦しきこともやみぬ。（竹取物語・かぐや姫の生ひ立ち）

●仮定条件「ば」と確定条件「ば」

「仮定条件」とは、「もし…ならば」と、まだそうなっていないことを仮定して述べる叙述法です。一方、「確定条件」は、「…から・…ので」と、既に確定していることを前提として述べる叙述法です。

順接の場合、仮定条件・確定条件ともに「ば」を用いるので区別しにくいように見えます。しかし、よく見ると仮定条件の方は「殺さば」（例文1）と未然形に接続していますが、確定条件のほうは「荒ければ」（例文2）と已然形に接続していることで区別できることがわかります。この仮定条件か確定条件かは、古文解釈の上でたいへん重要ですからしっかり覚えておきましょう。

・**未然形＋ば＝順接の仮定条件**（…なら＝if）　→**例文1**

・**已然形＋ば＝順接の確定条件**（…から＝because）　→**例文2**

未然形の場合は、仮定条件「もし…ならば」という意味になります。已然形の場合は確定条件になりますが、まず原因・理由「…から・…ので」で訳してみて、しっくりこないときは偶然条件「…と」、もしくは恒常条件「…といつも」の意味になる、と考えましょう。

なお、未然形とか已然形とかいう名称はこのような用法から発生しています。すなわち、

2　海が荒れているので、船を出さない。

3　東方の野のかなたにあけぼのの光がさしそめるのが見えて、振り返ってみると月は（西の）山の端に入ろうとしている。

4　翁は、気分が悪くつらい時も、この子をみるといつもつらさも消えた。

「未然」は「未《いま》だ然《しか》らず」で仮定、「已然」は「已《すで》に然《しか》り」で確定のことなのです。

【と】【とも】 接続 終止形（形容詞型には連用形）につく

①逆接の仮定条件〈…ても・…としても〉

5 風吹く**と**枝を離れて落つまじく花とぢつけよ青柳の糸 （山家《やまが》集・上）

6 かばかりになりては飛び降《お》る**とも**降りなむ。 （徒然草・一〇九）

●「とも」の識別

a 接続助詞「とも」→終止形（形容詞は連用形）に接続 →例文7

b 格助詞「と」＋係助詞「も」→体言に接続 →例文8

7 長く**とも**四十にたらぬほどにて死なむこそ、めやすかるべけれ。（徒然草・七）

8 また時の間《ま》の煙《けぶり》**とも**なりなむとぞ、うち見るより思はるる。（徒然草・一〇）

例文7は形容詞「長し」の連用形に接続していますから接続助詞「とも」。逆接の仮定条件を表しています。例文8は「煙」という体言に接続していますから、格助詞「と」＋係助詞「も」です。この場合は「も」を除いても文意が通じます。

【ど】【ども】 接続 已然形につく

①逆接の確定条件〈…が・…けれども〉

9 あさましうをかしけれ**ど**、つゆばかり笑ふ気色《けしき》も見えず。（蜻蛉日記・中）

10 あやしき下臈《げらふ》なれ**ども**、聖人の戒《いまし》めにかなへり。（徒然草・一〇九）

●「ど」と「ども」の用法

「ど」と「ども」は、ほぼ同じ意味で用いられます。中古では女流文学を中心に「ど」

---

5 風が吹い**ても**枝を離れて落ちないように花を縫いつけよ、青柳（＝青く芽をふいた柳）の糸よ。

6 これくらい（の高さ）になったら、（たとえ）飛び降りる**としても**降りられよう。

7 長く**ても**四十歳に満たない程度に死ぬのが見苦しくないであろう。

8 （立派に造りなした住まいも）また（火事にでもあえば）きっと瞬く間に煙**と**なってしまうだろうと、ひと目見るなり自然にそう思われる。

9 ひどくおかしい**けれども**、少しも笑う様子も見せない。

10 身分の低い下人ではある**けれども**、聖人の教訓によく一致している。

が圧倒的に多く用いられましたが（例文9）、中世に入ると「ども」が漢文訓読調の文章を中心に多く使われるようになり（例文10）、「ど」は和歌を除いて減少します。

●順接と逆接、仮定と確定の組み合わせ

接続助詞における順接・逆接、仮定・確定の条件接続をまとめると、次の四種類になります。逆接の方は、仮定が「と・とも」、確定が「ど・ども」ですからはっきり区別できます。順接の方は仮定・確定とも「ば」ですから区別しにくいですが、仮定ならば未然形接続、確定ならば已然形接続と、接続で見極めるようにします。

	（順　接）	（逆　接）
仮定条件	**未然形＋ば**	**終止形＋と・とも**
確定条件	**已然形＋ば**	**已然形＋ど・ども**

【チェックテスト】

問　次の傍線部の接続助詞の用法として適切なものを選びなさい。

1　「あなや」と言ひけれど、神鳴るさわぎに、え聞かざりけり。（伊勢物語・六）

2　命長ければ、恥多し。（徒然草・七）

3　もし急《とみ》のことあらば、この袋の口を解きたまへ。（古事記・景行《けいこう》天皇）

4　走り出づれば、地割れ裂く。（方丈記・二）

5　毀《そし》る①とも苦しまじ。誉む②とも聞き入れじ。（徒然草・一一二）

ア　順接の仮定条件　イ　逆接の確定条件　ウ　順接の確定条件（偶然条件）

エ　順接の確定条件（恒常条件）　オ　逆接の仮定条件

【チェックテスト解答・訳】

1　イ　2　エ　3　ア　4　ウ

5　①・②ともにオ

1　「あれえ」と叫んだ**が**、雷の鳴るやかましい音のために、聞くことができなかった。

2　命が長い**と**（**必ず**）、恥をかくことが多い。

3　もし危急のことがあっ**たら**、この袋の口をお開けなさい。

4　外に走り出す**と**、地面が割れ裂けてしまう。

5　（他の人が）けなし**ても**かまうまい。ほめ**ても**耳にも入れまい。

【が】接続 連体形につく

①単純接続〈…が〉

1 落ち入りける時、巳《み》の時ばかりなりけるが、日も漸《やうや》く暮れぬ。（今昔物語・一六ノ二四）

②逆接の確定条件〈…が・…のに・…けれど〉

2 めでたくは書きて候ふが、難少々候ふ。（古今著聞集・三九八）

【に】【を】接続 連体形につく

①単純接続〈…が・…と・…ところ〉

3 かぐや姫、あやしがりて見るに、鉢の中に文あり。（竹取物語・仏の御石の鉢）

4 垣のくづれより通ひけるを、度かさなりければ、（古今集・六三二詞書《ことばがき》）

②順接の確定条件（原因・理由）〈…ので・…から〉

5 このことを嘆くに、ひげも白く、腰もかがまり、（竹取物語・かぐや姫の昇天）

6 君により言《こと》の繁きを古郷《ふるさと》の明日香《あすか》の川に潔身《みそぎ》しにゆく（万葉集・六二六）

③逆接の確定条件〈…が・…のに・…けれども〉

7 十月晦日《かみなづきみそか》なるに、紅葉《もみぢ》散らで盛りなり。（更級日記・富士川）

8 （桐壺の更衣は）まかでなむとし給ふを、暇《いとま》さらに許させ給はず。（源氏物語・桐壺）

● 「が」「に」「を」の見分け方

「が」「に」「を」は、それぞれ格助詞と接続助詞があり、なかなか見分けが難しいのですが、

---

1 （海に）落ち込んだときは、午前十時ごろであったが、日もしだいに暮れてしまった。

2 立派に書いてはございますが、欠点が少しございます。

3 かぐや姫が、ふしぎに思って見てみると、鉢の中に手紙がある。

4 （土塀の）垣の崩れた所から通っていたが、度重なったので、

5 このことを嘆いているので、ひげも白くなり、腰も曲がって、

6 帝のためにあれこれとうわさがひどいので、（私は）旧都の明日香川に禊《みそぎ》をしに行くのです。

7 十月の末ごろであるのに、紅葉は散らずに盛りである。

8 （桐壺の更衣は病気のため）里下がりをしようとなさるが、（帝は）お暇をどうしてもご承諾なされない。

次の例文を見てみましょう。

9　なでしこが花とり持ちてうつらうつら見まくの欲しき君にもあるかな　（万葉集・四四四九）

10　まいて雁《かり》などの連ねたるがいと小さく見ゆるは、いとをかし。（枕草子・春はあけぼの）

11　昔より多くの白拍子《しらびやうし》ありしが、かかる舞はいまだ見ず。（平家物語・祇王《ぎわう》）

a 体言＋が・に・を……………………………格助詞　→例文9

b 連体形＋が・に・を　→連体形の下に体言が補える………格助詞　→例文10

→連体形の下に体言が補えない……接続助詞　→例文11

例文9は体言「なでしこ」に接続しています。このように体言につく「が」「に」「を」の場合は格助詞です。

例文10は完了（存続）の助動詞「たり」の連体形「たる」に「が」が接続しています。この場合、現代語訳をして、連体形の下に体言もしくは準体助詞「の」を補って訳すことができるかどうかを見極めましょう。例文10のように、「飛んでいる雁が」「飛んでいるのが」と現代語訳できる場合は格助詞です。例文11の場合は、過去の助動詞「き」の連体形「し」に「が」がついていますが、連体形の下に体言や準体助詞「の」を補って訳すことができません。この場合は接続助詞と判断します。

【て】【して】 接続　連用形につく　＊「して」は動詞にはつかない。

①単純接続〈…て・…で〉

12　春過ぎて夏来《きた》るらし白栲《しろたえ》の衣ほしたり天《あま》の香久山　（万葉集・二八）

9　なでしこの花を手にとってこの目にはっきりと見たいように、よくよくお会いしたいあなたでいらっしゃることよ。

10　まして、雁などが列をなして飛んでいるのがとても小さく見えるのは、とても風情がある。

11　昔から多くの白拍子（＝遊女）がいたけれども、このような舞はまだ見たことがない。

12　春が過ぎて、夏がやってきたらしい。真っ白な衣が干してある。天の香久山に。

13　ただ仮りの庵《いほり》のみ、のどけく**して**おそれなし。（方丈記・四）

● 「ずして」の訳し方

打消の助動詞「ず」の連用形に接続助詞「して」がついた「ずして」は、「…ないで・…なくて」の意となります。主に漢文訓読文や和歌に用いられました。

14　ゆく河の流れは絶え**ずして**、しかも、もとの水にあらず。（方丈記・一）

● 「て」の見分け方

接続助詞の「て」と、完了の助動詞「つ」の未然形・連用形「て」は、どちらも連用形につきますから、接続からは判断できません。なかなか見分けが難しい言葉のひとつです。

a 接続助詞「て」　→下に助動詞はつかない　→例文15

b 完了の助動詞「つ」の未然形・連用形　→下に助動詞を伴うことが多い　→例文16

15　粟津《あはづ》にとどまり**て**、師走《しはす》の二日、京に入る。（更級日記・富士川）

16　鬼はやひと口に食ひ**てけり**。（伊勢物語・六）

例文15は、「とどまりて」と、「て」によっていったん文を中止し、さらに「そして」の意で下に続けています。この場合の「て」は、上の文節を下に続ける接続助詞としての働きです。下に助動詞がつくことはありません。例文16は、完了の助動詞「つ」の未然形・連用形「て」のケースです。下に「む」「まし」「けり」「き」などの助動詞を伴う場合は助動詞と判断します。ここは過去の助動詞「けり」がついていますから連用形です。

【チェックテスト】

問　次の傍線部の接続助詞の用法として適切なものを選びなさい。

1　京に入り立ちてうれし。（土佐日記・二月一六日）

13　ひたすら仮りの住まいだけは、何事なく無事**で**不安なものはない。

14　（いつも滔々《とうとう》と）行く川の流れは絶えることがなく**て**、それでいて、（そこにある水は）もとの水ではない。

15　粟津にとどまっ**て**、陰暦一二月二日に京に入る。

16　鬼は（女を）たちまち一口で食っ**てしまった**。

【チェックテスト解答・訳】

1　ウ　2　イ　3　ア　4　ウ　5　ア

1　京に入っ**て**うれしい。

2　あんまり憎い**から**、その法師を最初に斬れ。

3　食べ物がほしくございますままに、つかんで食べてしまいました**が**、

4　卑しい身分の低い者の家ではあるが、由緒ありげ**で**趣がある。

5　いよいよ都へと思う**のに**、なんとなく悲しいのはいっしょに都に帰らない人があるからだったのだなあ。

2　あまり憎きに、その法師をばまず斬れ。（平家物語・倶利伽羅落《くりからおとし》）
3　物の欲しく候ふままに、つかみ食ひて候ひつるが、（古今著聞集・一九）
4　賤《あやし》の下衆《げす》の家なれども、故々しくしてをかし。（今昔物語・二二）
5　都へと思ふをものの悲しきは帰らぬ人のあればなりけり。（土佐日記・一二月二七日）

ア　逆接の確定条件　イ　順接の確定条件　ウ　単純接続

【で】接続　未然形につく

①打消の接続〈…ないで・…なくて〉
1　ものも言はで、頬杖《つらづゑ》をつきて、いみじう嘆かしげに思ひたり。（竹取物語・蓬莱《ほうらい》の玉の枝）

【つつ】接続　連用形につく

①反復・継続〈…ては・…し続けて〉
2　野山にまじりて竹をとりつつ、よろづのことに使ひけり。（竹取物語・かぐや姫の生ひ立ち）
3　文《ふみ》やり給ふに、書くべき言葉も、例ならねば、筆うち置きつつ、すさび居給へり。（源氏物語・若紫）
②動作の並行〈…ながら・…とともに〉
4　あやしき山がつさへ……遠き国々より妻子《めこ》を引き具しつつも、まうで来なるを、（源氏物語・葵）

1　（かぐや姫は）何も言わ**ないで**、顔に頬杖をついて、とても嘆かわしそうに物思いに沈んでいる。

2　野山に分け入って竹を取って**は**、いろいろなものを作るのに使っていた。

3　文をおやりなさるにも、書くべき歌もいつもと違うので、筆を何度も置い**ては**、気ままなことをして座っていらっしゃる。

4　きこりなどの身分の低い者までも……遠い国々から妻子を引き連れ**ながら**も、（御禊《ごけい》行列の見物に）都に上って参るとかいうことなのに、

●反復・継続「つつ」の現代語訳

「つつ」が①の反復・継続の意で現代語訳されるとき、例えば、例文2の場合は、しばしば「竹を取りながら」と訳されるのですが、それでは②の動作の並行と紛らわしく、正しい現代語訳とはいえません。ここは「取る」ことの反復の意で訳したいところです。

反復の「つつ」を解釈に生かすには、例えば、「何度も」や「繰り返し」のような語句を添えたり、「竹を取り、竹を取りして」のように動詞を反復させる方法など工夫が必要となります。ただし、後者の場合は不自然な訳文にならないよう注意します。下段の現代語訳では「竹を取っては」としています。例文3の「筆うち置きつつ」の場合も「筆を置きながら」では不十分で、「筆を持っては置き、持っては置き」のように反復の意が込められた現代語訳にします。下段の現代語訳では「何度も筆を置いては」としています。

●余情・詠嘆の「つつ」

「つつ」が反復・継続の意で和歌の第五句（句末）に用いられた場合は、後文を言いさして、余情・詠嘆の意〈…ことだ〉が加わります。

5　君がため春の野に出《い》でて若菜つむわが衣手に雪は降り**つつ**　（古今集・二一）

例文5に見られる「つつ」は、下に続くものがありません。かといって倒置法ともとれません。ここは反復・継続の意味だけを匂わせて、あとは余情に託しているのです。和歌に特有の技巧的な用法です。

【ながら】 接続　連用形・形容詞の語幹（シク活用は終止形）につく

①動作の並行〈…ながら・…ままで〉

6　大きなる鉢にうづ高く盛りて、…食ひ**ながら**書《ふみ》をも読みけり。（徒然草・六〇）

5　あなたのために、春の野に出かけて若菜を摘む私の袖に、雪は絶え間なく降りかかっている**ことだ**。

6　大きな鉢に（芋がしらを）うず高く盛り上げて、…それを食い**ながら**書物をも読んだ。

7　私の大事な娘よ、（あなたが）

②逆接の確定条件〈…が・…ても・…のに・…けれども〉

7 わが子の仏、変化《へげ》の人と申し**ながら**、ここら大きさまで養ひ奉る志おろかならず。（竹取物語・貴公子たちの求婚）

●**「体言＋ながら」の訳し方**

「ながら」には、名詞や副詞の下について、その条件を変えずにすっかりそのままであることを表す働きがあります。この場合は、「…のままで」「…の全部」「…すっかりそのままで」の意に訳します。

8 萩の露玉にぬかむと取れば消《け》ぬよし見む人は枝**ながら**見よ（古今集・二二二）

9 さく花は千草**ながら**にあだなれど誰かは春を怨みはてたる（古今集・一〇一）

【ものの】【ものを】【ものから】【ものゆゑ】 接続 連体形につく

①逆接の確定条件〈…のに・…けれども〉

10 雪の光あひたる空こそ、あやしう色なき**ものの**身にしみて、（源氏物語・夕顔）

11 都出《い》でて君にあはむと来《こ》し**ものを**来《こ》し甲斐《かひ》もなく別れぬるかな（土佐日記・一二月二六日）

12 月は有り明けにて、光をさまれる**ものから**、影さやかに見えて、（源氏物語・帚木《ははきぎ》）

13 待つ人も来ぬ**ものゆゑ**に鶯の鳴きつる花を折りてけるかな（古今集・一〇〇）

●**「ものの」の現代語訳**

「ものの」は、現代語の場合には「…したものの」「…ようなものの」「…とはいうものの」の形で慣用的な使われ方をします。古典語の場合も順当でない事態が下に続いていくのは

神や仏の生まれ変わりだと申し**ても**、こんな大きさになるまでお育て申し上げる（私の）気持ちはひととおりのものではない。

8 萩に置いた露を玉として貫き通そうと手に取ると消えてしまった。しかたがない。この露を見ようと思う人は枝**のままで**見よ。

9 咲く花は**どれもみな**散りやすくて頼みにならないが、だからといって誰が春という季節を心から恨むことができようか。

10 （月の光に）雪が光って映えあっている空は、不思議とはなやいだ色はない**けれども**身に染みて、

11 あなたに逢おうとして都を出て来た**のに**、その甲斐もなく（国守の任期を終えた）あなたは都へと別れていくのですね。

12 月は有り明けの月で、光は薄らいではいる**ものの**、月の影ははっきりと見えて、

13 心待ちにしている人が来るあてもない**のに**、ウグイスが楽しそうに鳴いていた梅の枝を折って（生けて）みたことだよ。

同じですが、現代語訳では単に「…ものの」とするのではなく、「…けれども」「…とはいうものの」などと、逆接であることを明確にして訳出するようにしましょう（例文10）。

【チェックテスト】

問　次の傍線部の接続助詞の用法として適切なものを選びなさい。

1　つれなくねたきものの、（光源氏は空蝉《うつせみ》を）忘れがたきにおぼす。（源氏物語・夕顔）

2　吾妹子《わぎもこ》が植ゑし梅の木見るごとにこころむせつつ涙し流る（万葉集・四五三）

3　春の野に若菜摘まむと来《こ》しものを散り交ふ花に道は惑ひぬ（古今集・一一六）

4　身はいやしながら、母なむ宮なりける。（伊勢物語・八四）

5　親のあはすれども、聞かでなむありける。（伊勢物語・二三）

ア　動作の並行　イ　逆接の確定条件　ウ　打消しの接続

練習問題

問一　次の傍線部の格助詞の用法を答えなさい。

1　こ①の国②の博士ども③の書ける物も、古《いにしへ》④のはあはれなること多かり。（徒然草・一三）

2　小さき板屋①の、黒うきたなげなる②が、雨にぬれたる。（枕草子・わびしげに見ゆるもの）

3　炭をさしさししておはしませば、……さし入るより暖かに、香ばし。（健寿御前日記）

【チェックテスト解答・訳】

1　イ　2　ア　3　イ　4　イ　5　ウ

1　冷淡で恨めしい**けれども**、（光源氏は空蝉を）忘れがたい女だとお思いになる。

2　（今は亡き）私の妻が植えた梅の木を見るたびに、胸が悲しみでいっぱいになる**とともに**涙が流れることだ。

3　春の野に若菜を摘もうとしてきた**のに**、あちらこちら散りまごう桜の花のために道に迷ってしまった。

4　身分は低い**けれども**、母は宮家の出身であった。

5　親が結婚させようとするが、聞か**ないで**いたことだ。

【練習問題】

問一　1　**この**（日本の）国**の**漢文学に精通した学者たち**の**書いたものも、昔**のもの**には感銘深いものが多い。

2　小さい板屋**で**、黒く汚れている板屋**が**、雨に濡れている（のはわびしいものだ）。

3　何度も炭を足していらっしゃる

4 春来ぬと人は言へどもうぐひすの鳴かぬかぎりはあらじとぞ思ふ（古今集・一一）

5 他夫《ひとつま》の馬①より行くに己夫《おのづま》し歩《かち》②より行けば、（万葉集・三三一四）

問二 次の傍線部の接続助詞の文法的意味を答えなさい。

1 瓜食《は》め①ば子ども思ほゆ栗食め②ばまして偲《しぬ》はゆ（万葉集・八〇二）

2 女も、並々ならず、かたはらいたしと思ふに、御消息《せうそこ》も絶えてなし。（源氏物語・空蝉《うつせみ》）

3 唐衣《からごろも》きつつ……とよめりければ、皆人乾飯《かれいひ》の上に涙落としてほとびにけり。（伊勢物語・九）

4 万《よろづ》にいみじくとも、色好まざらむ男は、いとさうざうしく、（徒然草・三）

5 物はすこし覚ゆれども、腰なむ動かれぬ。（竹取物語・燕《つばくらめ》の子安貝）

問三 次の文の傍線部に注意して現代語訳しなさい。

1 夢にいと清げなる僧の、黄なる地の袈裟《けさ》着たるが来て、（更級日記・物語）

2 三里に灸据《きゆうす》うるより、松島の月まづ心にかかりて、（奥の細道・旅立ち）

3 おなじ局《つぼね》に住む若き人々などして、よろづのことも知らず、（枕草子・大進生昌《だいじんなりまさ》が家に）

4 世の中にたえて桜のなかりせば春の心はのどけからまし（伊勢物語・八二）

5 桜散る木《こ》の下風は寒からで空に知られぬ雪ぞふりける（拾遺集・六四）

6 すべて折につけつつ一年ながらをかし。（枕草子・頃は）

7 （若い男と女の）思ひはいやまさりにまさる。（伊勢物語・四〇）

ので、……中に入る**とすぐに**、暖かく、良い香りがする。

4 春が来た**と**人は言うけれども、鶯が鳴かないうちは、そうではないだろうと思う。

5 他人の夫は馬**で**行くのに、私の夫は徒歩**で**行くので、

問二 1 瓜を食べる**といつも**子どものことが思われる。栗を食べる**といっそう**子どもがしのばれることだ。

2 女も、ひとかたならずたまらない気持ちがする**けれども**、（その後、光源氏からの）お手紙もまったくない。

3 から衣きつつ……と歌を詠んだ**ので**、そこにいた人はみな乾飯の上に涙を落として（乾飯が）ふやけてしまった。

4 すべてのことにすぐれてい**ても**、ひたむきな恋心が動かないような男は、まことに物足りなくて、

5 意識は少しある**が**、腰が動かせない。

（問三の訳は「解答・解説編」にあります。）

3 係助詞

係助詞（「けいじょし」とも「かかりじょし」とも呼ばれます）とは、種々の語について強意や疑問・反語などの意味を添え、文の結び方に一定の言い方を要求する単語のことです。係助詞には、「は・も・ぞ・なむ・や・か・こそ」の七つがありますが、このうち「ぞ・なむ・や・か」は連体形で、「こそ」は已然形で文末を結ぶ働きがあります。

【は】 接続 種々の語につく

①他との区別〈…は〉

1 秋**は**来ぬもみぢ**は**宿に散りしきぬ道踏み分けて訪《と》ふ人**は**なし（古今集・二八七）

2 男君**は**とく起き給ひて、女君**は**さらに起き給はぬ朝《あした》ありけり。（源氏物語・葵《あふひ》）

●**濁音化する「は」**

係助詞「は」は、格助詞「を」につく場合には濁音化して「をば」となります。格助詞「を」の働きを強調して、動作や作用の対象を特にとりたてていう意を表します。

3 都**をば**霞とともにたちしかど秋風ぞ吹く白河の関（後拾遺集・五一八）

4 天の使ひ（＝従者）といはむものは、命を捨てても、おのが君の仰せごと**をば**叶へむとこそ思ふべけれ。（竹取物語・竜の頸《くび》の玉）

【も】 接続 種々の語につく

①同じ趣の事柄の並列〈…も〉

5 行き別るるほど、行く**も**止まる**も**、みな泣きなどす。（更級日記・太井川）

---

1 秋**は**来た。紅葉**は**わが家の庭に散り敷いた。（しかし、）道を踏み分けて訪れる人**は**いない。

2 男君（＝光源氏）**の方は**早くお起きになって、女君（＝紫の上）**の方は**いっこうにお起きにならない朝があった。

3 都**を**霞の立つ春に旅立ったけれど、（長い旅路だったので）もう秋風が吹いているよ、この白河の関は。

4 主君に仕える家臣というようなものは、命を捨てても、自分の主人のご命令**を**叶えようと思わなければならない。

5 別れるとき、旅立っていく人**も**後に残る人**も**、みな泣いたりなどする。

②同じ趣の事柄の一つ〈…も・…でも・…もまた〉

6　潮満ちぬ。風**も**吹きぬべし。（土佐日記・一二月二七日）

③感動を含む強意〈…も〉　＊訳さなくてよい場合が多い

7　うれしく**も**のたまふものかな。（竹取物語・貴公子たちの求婚）

●**危ぶむ気持ちを表す「もぞ」「もこそ」**

係助詞の「も」は、係助詞「ぞ」「こそ」と一体となって「もぞ」「もこそ」の形で用いるられる場合、悪い事態を想像して、「…するといけない」「…したら大変だ」と危ぶんだり、心配したりする意を表します。

8　門《かど》よくさしてよ。雨**もぞ**降る。（徒然草・一〇四）

9　魂《たま》の緒よ絶えなば絶えねながらへば忍ぶることの弱り**もぞ**する（新古今集・一〇三四）

10（雀の子は）いづかたへか、まかりぬる。……烏など**もこそ**見つくれ。（源氏物語・若紫）

●**「は」「も」の結び**

「は」と「も」は、「ぞ・なむ・や・か・こそ」のような特殊な文の結び方は取らずに、ふつうの文の終わりの形、すなわち終止形を結びとします。しかしこれは、「は」「も」も係助詞として、終止形をとる結びを要求しているものと考えることができます。

【ぞ】【なむ】 接続 **種々の語につく　＊連体形で結ぶ**

①強意　＊訳さなくてもよい場合が多い。

11　大空の月の光し清ければ影見し水**ぞ**まづこほりける（古今集・三一六）

6　潮が満ちた。順風**もまた**吹くに違いない。

7　嬉しく**もまあ**おっしゃるものだなあ。

8　門をよく閉めておくように。雨がふる**といけない**（から）。

9　わが命よ、絶えるものならば絶えてしまえ。これ以上生きながらえて（人に知られまいと恋心を一人秘め続けてきた気力が弱り、）秘めてきた恋を人に知られてしまう**といけない**から。

10（雀の子は）どこへ行ってしまったのか。……烏などが見つけ**たら大変だ**。

11　大空の月の光が清いから、月光を映していた水が最初に凍ったのだなあ。

12　この夢たった一つだけを、後の世への頼みとしたのだ。

13　橋を八つ渡してあることで八橋というのであった。

14　夜中過ぎるころに、お亡くなりになった。

12 この夢ばかりぞ、後の頼みとしける。（更級日記・後の頼み）

13 橋を八つ渡せるによりてなむ八橋と言ひける。（伊勢物語・九）

14 夜中うち過ぐるほどになむ、絶えはてたまひぬる。（源氏物語・桐壺）

【チェックテスト】

問　次の傍線部の係助詞の用法として適切なものを選びなさい。

1 古き墳《つか》、多くはこれ少年の人なり。（徒然草・四九）

2 水はその山に、三ところぞ流れたる。（更級日記・足柄《あしがら》山）

3 心なき身にもあはれは知られけり鴫《しぎ》たつ沢の秋の夕暮れ（新古今集・三六二）

4 見渡せば花も紅葉もなかりけり浦の苫屋《とまや》の秋の夕暮れ（新古今集・三六三）

5 「かれは何ぞ」となむ男に問ひける。（伊勢物語・六）

ア 強意　イ 同じ趣の事柄の一つ　ウ 他との区別

エ 同じ趣の事柄の並列

【や（やは）】【か（かは）】 接続 種々の語につく　＊連体形で文を結ぶ

①疑問〈…か〉

1 蓑《みの》かさやある、貸し給へ。（徒然草・一八八）

2 その仏師はいづくにかある。（宇治拾遺物語・九ノ五）

②反語〈…か、いや…ではない〉

3 鹿の通はうところを馬の通はぬやうやある。（平家物語・老馬）

4 さる導師《だうし》のほめやうやはあるべき。（徒然草・一二五）

【チェックテスト解答・訳】

1 ウ　2 ア　3 イ

4 どちらもエ　5 ア

1 古い墓の、多くは若い人の墓である。

2 水はその山に、三か所も流れている。

3 ものの情趣を感じることのないこの出家の身にも、しみじみとした情趣はおのずから知られることだ。鴫の飛び立つ沢の秋の夕暮れよ。

4 見渡すと、美しい桜の花も、色とりどりの秋の紅葉も、何もない。しかしそれ故にいっそう趣深い、海辺の粗末な家だけが見えるこの秋の夕暮れよ。

5 「あれは何なの」と男に尋ねた。

1 蓑笠はありますか、貸してください。

2 その仏師はどこにいるのか。

3 鹿の通る所を馬が通らぬことがあろうか（いや、きっと通る）。

4 そんな（へんてこな）導師（＝僧侶）のほめ方はあるだろうか（い

5 君ならで誰に**か**見せむ梅の花色をも香をも知る人ぞ知る　（古今集・三八）

6 逢ふこともなみだに浮かぶわが身には死なぬ薬も何に**かは**せむ　（竹取物語・ふじの山）

【こそ】 接続 **種々の語につく　＊已然形で文を結ぶ**

①強意〈…こそ〉　＊訳さなくてもよい場合が多い。

7 人あまたあれど、ひとりに向きて言ふを、おのづから人も聞くに**こそ**あれ。　（徒然草・五六）

8 中垣**こそ**あれ、一つ家のやうなれば、望みて預かれるなり。　（土佐日記・二月一六日）

9 それはさ**こそ**おぼすらめども、おのれは都に久しく住みて、なれて見侍るに、　（徒然草・一四一）

● **「こそ＋已然形、……」→逆接用法**

「こそ」と同じく取り立てて強調する意を表す係助詞には、ほかに「ぞ」「なむ」があります。「なむ」→「ぞ」→「こそ」の順で強意の度が強くなります。

「こそ」と已然形との呼応では、一般に例文7のように、係り結び（85ページ参照）の形で強く言い切ります。しかし、形の上では係り結びの法則に従いながら已然形の部分で文が終止することなく、逆接の条件句となって下に続くケースも見られます（例文8・9）。この場合は、「…だが」「…けれども」など、明確に逆接とわかるような現代語訳をするようにします。

例文9の係助詞「こそ」の結びは、推量の助動詞「らむ」の已然形「らめ」で受けてよ

や、ある**まい**）。

5 あなた以外に誰に見せよう**か**（**いや**、ほかの誰にも見せはし**ない**）。この梅の花を。このすばらしい色も香も、物の美しさを理解できるあなただけが、そのすばらしさを本当にわかってくれるのですよ。

6 （かぐや姫に）逢うこともないので（悲しみの）涙に浮かんでいるような私の身には、（永遠に）死なない薬も何になろう**か**（**いや**、何にもなりはし**ない**）。（「なみだ」に「涙」と「（逢ふことも）無み」がかけられている。）

7 人が数多くいても、（その中の）一人に向かって言うのを、自然と（その場の）他の人びとも聞くのである。

8 境の垣はあるが、一つ屋敷のようなので、（先方が）望んで預かったのである。

9 （都の人は誠意がないと）あなたはそう思われるだろうが、私は都に長く住んで、（都人とも）親しんで、よく観察してみますに、

いのですが、ここは接続助詞「ども」に続くために已然形「らめ」となったもので、「こそ」の結びは流れています。意味としては「あなたはそう思われるだろうが、（しかし）」と、逆接で下に続いていきます。

●**慣用句「こそあらめ」**

「こそあらめ」（係助詞「こそ」＋ラ変動詞「あり」の未然形「あら」＋推量の助動詞「む」の已然形「め」）は慣用句として用いられます。文中にある場合は、「…よいだろうけれども」と強調逆接の意で下に続いていき（例文10）、文末にある場合は、「…がよいだろう」「…するがよい」と適当・勧誘の意で結ばれます（例文11）。

10　我とひとしからざらん人は、大方のよしなしごと言はんほど**こそあらめ**、（徒然草・一二）

11「いかにも、いかにも、心に**こそあらめ**」（更級日記・初瀬）

●**動詞の連用形＋「こそ」**

上代の係助詞「こそ」には、動詞の連用形について願望〈…てほしい・…てくれ〉を表す終助詞的用法があります。

12　我妹子《わぎもこ》と見つつ偲《しの》はむ沖つ藻の花咲きたらばわれに告げ**こそ**（万葉集・一二四八）

●**呼びかけの「こそ」**

「こそ」が人名などにつくときは、親しみをこめて呼びかける意を表します。この場合の「こそ」は現代語の「○○さん」に通じるとして、係助詞ではなく接尾語とされます。

13「右近の君**こそ**、まず物見給へ」（源氏物語・夕顔）

14　花**こそ**という文字こそ、めのわらはなどの名にしつべけれ。（宇治拾遺物語・一ノ一〇）

10　自分と心持ちが同じでない人は、世間一般の、あたりさわりのない話をしているうちは**よいだろうが**、

11「どうなりとも、（そなたの）心まかせに**するがよい**」

12　わが妻だと思って見ながら偲ぼう。沖の藻の花が咲いたなら、どうか私に知らせて**ください**。

13「右近の君**さん**、早く物（＝車）をご覧なさい」

14「花**こそ**」という言葉は（和歌に詠むのではなくて）、女の子などの名にしてしまうほうがよい。

なお、『源氏物語』には、ほかに「うへこそ」「北殿こそ」「大殿こそ」などが見られます。

【係り結びの法則】

文は一般に終止形で結びます。しかし、係助詞「ぞ・なむ・や・か」が文中で用いられた場合は、文末は連体形で結びます。また、係助詞「こそ」の場合は已然形で結びます。この呼応の法則を「係り結び」といいます。

ぞ・なむ・や・か……連体形

こそ……已然形

15　よろづの遊びを**ぞ**しける。（竹取物語・かぐや姫の生い立ち）

16　よろづのことも、始め終はり**こそ**をかしけれ。（徒然草・一三七）

例文15では、係助詞「ぞ」を受けて、文末を過去の助動詞「けり」の連体形「ける」で結び、例文16では、係助詞「こそ」を受けて、形容詞「をかし」の已然形「をかしけれ」で結んでいます。形容詞・形容動詞が「こそ」の結びとなっている場合は注意が必要です。活用語尾だと気づかず、助動詞と思い込んで「けれ」「なれ」だけを抜き出しがちです。

係り結びは形式上の決まりであり、意味には関係しませんが、引用文や会話文・挿入句における「係り」は必ずその中で結ばれますし、地の文における「係り」は必ず地の文の中で結ばれます。したがって、句読点やカギかっこがなくても、引用文などがどこで終わるのかを見分けることができます。

①結びの流れ

係り結びの法則には注意すべき点があります。係り結びは本来、切れる文節との間に結ばれるものですが、ときには「係り」を受ける文節がそこでは切れずに、接続助詞などを

15　さまざまな音楽を奏したのであった。

16　すべて何事も、始めと終わりとがことに趣があるものだ。

伴って下に続くような場合、係り結びが成立しないで消滅します。これを「結びの流れ」、または「結びの消失」といいます。

17　まづこの院に参り、宮より**ぞ**出で給ひければ、……　（源氏物語・野分）

例文17で、「ぞ」を受ける活用語は過去の助動詞「けり」です。ここで文が終止するのであれば「…ぞ出で給ひける。」となり、係り結びが成立します。しかし、ここでは接続助詞「ば」によって下へ続いているため、結びが流れています。

②結びの省略

係助詞「ぞ・なむ・や・か・こそ」があるものの、それを受ける述語部分が文脈から類推できる場合は、結びの語が省略されることがあります。つまり、末尾が係助詞で終わっている省略文です。この場合の係助詞を終助詞と見誤らないようにします。また、それが引用文や挿入文の場合には、係り結びの誤りなどと誤解しないようにしましょう。

18　飼ひける犬の、暗けれど主《ぬし》を知りて、飛びつきたるけると**ぞ**。（徒然草・八九）

例文18では、係助詞「ぞ」の下に「言ふ」などの語が省略されていると考えます。古文では結びが省略されるケースは多く、解釈に際しては「あり」「言ふ」「思ふ」などの適当な語句を文脈から判断し、補って訳す必要があります。

〈省略される「結び」の主な例〉

・「にや」「にか」　↓あらむ・ありけむ・はべらむ
・「にこそ」　↓あらめ・ありけめ・はべらめ
・「とぞ」「となむ」「とや」「とか」　↓言ふ・聞く・思ふ・言ひけむ・聞きけむ・思ひけむ
・「とこそ」　↓言へ・聞け・思へ・言ひけめ・聞きけめ・思ひけめ

17（夕霧は）真っ先に（父君のいる）この六条院に参上して、（その後、祖母の）三条の宮から（御所へ）ご出仕なさったので、

18　飼っていた犬が、暗いけれど主人を見分けて、飛びついたということである。

学習のポイント

①係りの助詞は「ぞ・なむ・や・か・こそ」

・強調　ぞ・こそ……はっきりした強め
　　　なむ………少し軽い強め

・疑問・反語　や・か
　「にや」「にか」→疑問の場合が多い。
　「やは」「かは」→反語の場合が多い。

②係りだけあって、それに対する結びがない場合

・結びの流れ→「に」「を」「とも」「ども」「ど」「ば」で受ける。
・結びの省略→引用などの挟み込みの場合と、言い切りの場合とがある。

③「こそ…已然形」が、そこで文が終止せず下に続く場合は逆接となる。

【チェックテスト】

問　次の傍線部の係助詞の用法として適切なものを選びなさい。

1　郭公《ほととぎす》や聞き給へる。（徒然草・一〇七）
2　花は盛りに、月は隈《くま》なきをのみ見るものかは。（徒然草・一三七）
3　これは竜《たつ》のしわざにこそありけれ。（竹取物語・竜の頸《くび》の玉）
4　よき人は、知りたる事とて、さのみ知り顔にやは言ふ。（徒然草・七九）
5　いづれの山か天に近き。（竹取物語・ふじの山）

ア　反語　イ　強意　ウ　疑問

【チェックテスト解答・訳】

1ウ　2ア　3イ　4ア
5ウ

1　ほととぎす（の声）をお聞きになりましたか。
2　桜の花は満開であるのだけを、月は曇りのないものだけを見るものだろうか（いや、そうではない）。
3　これ（＝暴風雨）は竜のしわざであったのだ。
4　教養のある人は、知っている事だからといって、そうむやみにもの知り顔で言うであろうか（いや、言うはずはない）。
5　どの山が天に近いのか。

練習問題

問一　次の傍線部について、係助詞を指摘して用法を答えなさい。

1　同じ心ならむ人と……うらなく言ひ慰まむこそうれしかるべきに、さる人あるまじければ、（徒然草・一二）

2　いささか違《たが》ふ所あらむ人こそ、「我はさやは思ふ」など争ひ憎み、（徒然草・一二）

3　わが身こそあらめ、人のためいたはしくて、（平家物語・三草勢揃）

4　音に聞く高師《たかし》の浦のあだ浪はかけじや袖の濡れもこそすれ（金葉集・五〇一）

5　きのふこそ早苗とりしかいつの間に稲葉そよぎて秋風ぞ吹く（古今集・一七二）

問二　次の文の中から会話部分を抜き出しなさい。

もろこしが原といふ所も、砂子のいみじう白きを二三日ゆく。夏は大和撫子の、こくうすく錦をひけるやうになむ咲きたる。これは秋の末なれば見えぬといふに、なほ、所どころはうちこぼれつつ、あはれげに咲きわたれり。もろこしが原に、大和撫子しも咲きけむこそなど、人びとをかしがる。（更級日記・竹芝寺）

問三　次の文の傍線部分に注意して現代語訳しなさい。

1　（私を）にくしとなおぼし入りそ。罪もぞ得たまふ。（源氏物語・総角《あげまき》）

2　春ごとに咲くとて、桜をよろしう思ふ人やはある。（枕草子・節《せち》は五月《さつき》にしく月はなし）

3　思ひ出《い》でてしのぶ人あらむほどこそあらめ、そもまたほどなく失せて、（徒然草・三〇）

4　人の心すなほならねば、偽りなきにしもあらず。されども、おのづから、正直の人などかなからむ。（徒然草・八五）

【練習問題】

問一　1　気心のしっくりあった友人と、……心のへだてなく話し合って心を慰めるのは嬉しいはずであるが、そんな人はあるまいから、

2　多少意見が違うところのあるような人が、「私はそうは思わない」などと議論し、反発しあって、

3　自分自身はこうしていてもいいけれども、妻のためにかわいそうで、

4　評判の高い高師の浜のあだ浪のように、いっこうに心の定まらない、有名な浮気者のあなたのことは、決して心にかけないことにします。結局あなたに捨てられて涙で袖をぬらすようなことになると困りますから。

5　昨日は早苗をとったと思ったが、もう秋で早くも稲葉をそよがせて秋風が吹くことだ。

（問二・問三の訳は「解答・解説編」にあります。）

4　副助詞

副助詞は、種々の語について、その上の語にさまざまな意味を添え、下の用言を中心とする語句には副詞のように係って、その意味を修飾します。

【だに】 接続 体言・連体形・助詞などにつく

①程度の軽いものを挙げて、重いものを類推〈…さえ〉

②最小限の限定〈せめて…だけでも〉

1　なでふ、女が真名書《まんなぶみ》は読む。昔は経を読むを**だに**人は制しき。（紫式部日記）

2　花はみな散り果てぬめり春ふかき藤**だに**散るな今しばし見む（和泉式部集・正集）

3　女御とだに言はせずなりぬるが、飽かず口をしう思さるれば、「いま、一きざみの位を**だに**」と、贈らせ給ふなりけり。（源氏物語・桐壺）

●意味を添える「だに」

「だに」①は、まずまずという程度のことを示した上で、これから述べることは「もっと…だ」「なおさら…だ」という気持ちを表します。例文1では、「女が経を読むのさえ世間の人はいい顔をしないのに、ましてや漢文を読むなんて……」という非難する気持ちが込められています。「…さえ」「…だって」と訳します。

この「だに」が命令・依頼・意思などを表す文に使われると、大きいほうの希望をあきらめて、それよりもずっと小さい希望で満足するという気持ちを表す②の働きとなります。この場合は「せめて…なりとも」と訳します。

例文2は、「花という花はすべて散ってしまった。藤の花よ、せめてお前だけでも……」

1　どうして女性が漢文を読むのでしょう。昔は経を読むの**さえも**人は制止しました。

2　春の花はみんな散ってしまったようだ。**せめて**晩春の藤の花**だけでも**散らないで。もうしばらく見ていたいから。

3　女御とさえ呼ばせずじまいだったのが、たまらなくお心残りなので、**せめて**位一階**だけでも**と、お贈りあそばすのであった。

という気持ちです。

例文3における「女御とだに言はせずなりぬる」は①の用法です。女御どころか、中宮・皇后までもという気持ちなのですが、帝がせめてとお考えになる女御の位さえも実現するのは不可能であり、ましてその上の中宮や皇后はなおさらだという気持ちが込められています。「いま、一きざみの位をだに」は②の用法になります。女御も無理ならば、せめて位を一つなりとも、という帝の切なる思いです。

【すら（そら）】 接続 体言・連体形・助詞などにつく

①一つのものを挙げて、他のものを類推〈…さえ〉

4 言問《こと》はぬ木**すら**妹《いも》と兄《せ》ありとふをただ独り子にあるが苦しさ（万葉集・一〇〇七）

5 心ばせある人**そら**物につまづきて倒るること常のことなり。（今昔物語・二八ノ六）

● 「だに」「すら」から「さへ」「まで」へ

「だに」も「すら」も本来の働きは強調です。上代には「だに」「すら」とも同じように用いられていますが、中古以降になると「すら」の用例はまれになり、「そら」の形で『今昔物語』や『平家物語』などの漢文訓読調の文章で用いられます（例文5）。やがて、中世の室町時代以降は、「だに」「すら（そら）」ともに、「さへ」「まで」にとって代わられることになります。

【さへ】 接続 体言・連体形・助詞などにつく

①添加〈…までも〉

6 前《さき》の世にも御契《ちぎ》りや深かりけむ、世になく清らなる玉の男皇子《をのこみこ》**さへ**生まれたま

---

4 ものを言わない木で**さえ**兄妹があるというのに、私はただ一人っ子であるのが辛いことだよ。

5 配慮のゆきとどいた人で**さえ**物につまずいて倒れることは当たり前のことである。

6 （帝と桐壺の更衣とは）前世においてもご因縁が深かったのであろうか、世にまたとなく清らかな玉のような男の皇子**までも**お生まれになった。

ひぬ。（源氏物語・桐壺）

● 「さへ」の訳し方

「さへ」は、現代語の「さえ」と混同しがちですから注意しましょう。古典語の「さへ」は、一度何か述べたあとで、その上何かをつけ加えようとするときに使う副助詞です。「その上……までも」というニュアンスです。訳語もだいたい「…までも」でいいでしょう。例文6では、桐壺の更衣に対する帝の御寵愛は並々のものではなかったのですが、事態はさらに進展して、なんと玉のように美しい皇子様までもがお生まれになった、というわけです。

【のみ】 接続 種々の語につく

①限定〈…だけ・…ばかり〉

7 けふ**のみ**と思へば長き春の日もほどなく暮るる心地こそすれ（山家集《やまが》）

②強意〈…ただもう・…特に〉

8 （柏木は）そこはかとなく物を心細く思ひて、音《ね》を**のみ**時々は泣き給ふ。（源氏物語・柏木）

【ばかり】 接続 種々の語につく

①限定〈…だけ・…ばかり〉

9 かのわが住む方を見やり給へば、霞の絶え絶えに、梢**ばかり**見ゆ。（源氏物語・浮舟）

②時間・数量などのおよその程度〈…くらい・…ほど〉

---

7 春も今日**だけ**（＝最後）だと思うと、春の一日は長いはずなのに、あっという間に暮れてしまうような気がする。

8 （柏木は）なんとなく心細く思って、時々は、**ただもう**声をあげてお泣きになるばかりである。

9 あの自分の住むほうをお眺めになると、霞の絶え間に梢**だけ**が見える。

10　降りける雪、三四寸**ばかり**たまりて、今も降る。（蜻蛉日記・中）

●「ばかり」の活用語への接続

副助詞「ばかり」は、中古の用法として、用言・助動詞に接続する場合に、連体形につくか終止形につくかによって、「限定」か「程度」という意味上の違いを表します。

a 連体形＋ばかり　→限定〈…だけ〉　→例文11
b 終止形＋ばかり　→程度〈…ほど〉　→例文12

11　露をなどあだなるものと思ひけむわが身も草に置かぬ**ばかり**を（古今集・八六〇）

12　庵なども浮きぬ**ばかり**に雨降りなどすれば、（更級日記・かどで）

例文11では、打消しの助動詞「ず」の連体形「ぬ」に接続して限定の意を表し、例文12では完了（強意）の助動詞「ぬ」の終止形に接続して程度の意を表しています。なお、中世以降はすべての活用語を通じて連体形につくようになっていきます。

●「のみ」と「ばかり」

上代に程度を表して用いられた「ばかり」は、しだいに意味領域を広げて、中古になると限定の意も表すようになります。「のみ」が限定の意が強いのに比べて、「ばかり」は程度・範囲の意を含めて限定する傾向があります。また、次の例文13のように「ばかり」と「のみ」が重ねて用いられることもあります。この場合も「ばかり」が程度、「のみ」が限定を表しています。

13　庭の草もいぶせき心地するに、いやしき東声《あづまごゑ》したる者ども**ばかりのみ**出で入り、（源氏物語・東屋）

10　降った雪は、三四寸ほど積もって、今も降っている。

11　露をどうしてはかないものと思ったのだろう。わが身だって、ただ草の上に置かないという**だけ**で、露と同じにはかないものなのに。

12　庵なども浮いてしまう**ほど**に、雨が降ったりしているので、

13　庭の草もうっとうしい気がするのに、下品な東国なまりの連中**ばかりだけ**が出入りして、

14　夜が明けてから日が暮れる**まで**、東の山際をじっと見て日を過

【まで】 接続 種々の語につく

①動作・作用の及ぶ範囲・限度〈…まで・…限り〉

14 明くるより暮るる**まで**、東《ひむがし》の山ぎはを眺めて過ぐす。（更級日記・子忍びの森）

②動作・作用の程度〈…ほど・…くらい〉

15 くつくつぼうし、いとかしがましき**まで**鳴くを聞くにも、（蜻蛉日記・下）

16 さ雄鹿の朝立つ野辺の秋萩に玉と見る**まで**置ける白露（万葉集・一五九八）

【など（なんど）】 接続 種々の語につく

①例示〈（例えば）…など〉

17 なでしま・竹生島《ちくぶじま》**など**いふ所の見えたる、いとおもしろし。（更級日記・富士川）

②婉曲〈…など〉

18 京の御すみかたづねて、時々の御消息《せうそこ》**など**あり。（源氏物語・若紫）

③引用〈…などと〉

19「殿はなににかならせ給ひたる」**など**問ふに、（枕草子・すさまじきもの）

【し（しも）】 接続 種々の語につく

①強意

20 世の中は空しきものと知る時**し**いよよますます悲しかりけり（万葉集・七九三）

21 みな人、ものわびしくて、京に思ふ人なきに**しも**あらず。（伊勢物語・九）

副助詞「し」は、語調を整え、強めを表す働きをします。中古以降になると、係助詞「も」「ぞ」

ごす。

15 ツクツクボウシが、とてもやかましい**ほど**に鳴くのを聞くにも、

16 雄鹿が朝たたずんでいる野辺の秋萩の上に、玉かと思われる**ほど**に美しく置いている白露よ。

17 なでしま・竹生島**など**という所が見えているのは、まことに趣深い眺めである。

18 （尼君の）都のお住まいを尋ねて、ときどき、（光源氏から）お手紙**など**がある。

19 「お殿様は、何の官《つかさ》におなりになったのですか」**など**と尋ねると、

20 世の中はむなしいものだと**つくづく**知る時に、いよいよますます悲しみがこみあげてくることよ。

21 そこにいる人はみな、なんとなくわびしくて、都に恋しい人がいないわけで**も**ない。

22 白い紙に、無造作にお書きになっているのは、かえって趣きがある。

23 これほどに恋し続けているので、私はもう命も惜しいことはない。（「たまきはる」は「命」にかかる枕詞。）

「か」「こそ」を伴った形で用いられることがありますが、次第に「しも」が多くなります。現代語にも「折しも」の形で残っています。

22 白き紙に捨て書い給へるしもぞ、なかなかをかしげなる。(源氏物語・末摘花)

また、動詞と動詞の間に入ってより強調の意を表すこともあります。

23 かくのみし恋ひし渡ればたまきはる命もわれは惜しけくもなし (万葉集・一七六九)

【チェックテスト】

問 次の傍線部の副助詞の用法として適切なものを選びなさい。

1 いらへには、「なにの前司にこそは」などぞかならずいらふる。(枕草子・すさまじきもの)

2 月影ばかりぞ、八重葎《やへむぐら》にもさはらずさし入りたる。(源氏物語・桐壺)

3 待てと言ふに散らでし止まるものならば何を桜に思ひまさまし (古今集・七〇)

4 神へ参るこそ本意なれと思ひて、山までは見ず。(徒然草・五二)

5 (帝は)御胸のみつとふたがりて、つゆまどろまれず、(源氏物語・桐壺)

6 望月《もちづき》の明《あか》さを十《とを》あはせたるばかりにて、ある人の毛の穴さへ見ゆるほどなり。(竹取物語・かぐや姫の昇天)

7 われに、今一たび、声をだに聞かせ給へ。(源氏物語・夕顔)

8 大空ゆ通ふわれすら汝《なれ》ゆゑに天の河路をなづみてぞ来《こ》し (万葉集・二〇〇一)

ア 最小限の限定　イ 強意　ウ 引用
エ 一つのものを挙げて、他のものを類推　オ 限定
カ 動作・作用の及ぶ範囲・限度　キ 添加

【チェックテスト解答・訳】

1 ウ　2 オ　3 イ　4 カ
5 イ　6 キ　7 ア　8 エ

1 返事として、「前の何々の国司です。」**など**ときっと答える。

2 月の光**だけ**が、生い茂った雑草にもさえぎられずに差し込んでいることだ。

3 待てと言って、散らずにいてくれるものならば、これ以上何を桜に望むだろうか。

4 神へ参拝することこそが本来の志なのだと思って、山**まで**は見ません。

5 (帝は)**ただもう**胸がいっぱいになって、少しもおやすみになれず、

6 満月の明るさを十合わせたくらいで、そこにいる人の毛の穴**まで**見えるほどである。

7 私に、今一度、せめて声**だけでも**お聞かせください。

8 大空を自由に行き来する私(=彦星)で**さえ**、お前(=織姫)のために天の川の道を難渋してやって来たことだ。

5　終助詞

文の終わりにきて、その文に疑問・禁止・願望・詠嘆などの意を添える助詞を「終助詞」といいます。

【な】 接続 終止形（ラ変型には連体形）につく

①強い禁止〈…するな・…してはいけない〉

1　橋を引いたぞ。あやまちすな。（平家物語・橋合戦）

●終助詞「な」の識別

終助詞「な」には、強い禁止のほかにも、重要ないくつかの働きがあります。その働きを整理すると、次の三つになります。

a　強い禁止の終助詞〈…するな〉→動詞、受身・使役の助動詞に接続　→例文1・2
b　感動・詠嘆の終助詞〈…なあ〉→過去・完了の助動詞に接続　→例文3
c　意志・希望・勧誘の終助詞〈…しようよ〉→未然形接続　→例文4

2　名にめでて折れるばかりぞをみなえしわれ落ちにきと人に語る**な**（古今集・二二六）

3　花の色は移りにけり**な**いたづらに我が身世にふるながめせしまに（古今集・一一三）

4　熟田津《にぎたつ》に船乗りせむと月待てば潮もかなひぬ今は漕ぎ出で**な**（万葉集・八）

aとbは、ともに言い切りの形につきますので見分けにくい場合もありますが、多く、aの禁止の終助詞は動詞や受身・使役の助動詞につき、bの感動・詠嘆の終助詞は過去や

1　（宇治川の）橋板がはがされたぞ。ケガをする**な**（＝気をつけろ）。

2　その名前を愛らしく思って折っただけなのだ。おみなえしよ、私が堕落したと人に言いふらす**な**よ。

3　桜の花の色も、そして私の容色もまた、いつのまにかすっかり色あせてしまった**ことよ**。春の長雨が降り続く間に、そしてまた、私が物思いに沈みながらむなしくこの世を過ごしているうちに。

4　熟田津で、船出をしようとして月の出を待っていると、（月も出て）潮も満ちてちょうどよくなった。さあ、漕ぎ出そう。

完了の助動詞につきますから、意味をよく確かめるようにしましょう。感動・詠嘆の終助詞は取り去っても文意が変わりません。cは上代特有の語で、未然形に接続します。

【(な)…そ】 接続 **連用形(カ変・サ変には未然形)につく**

①願望を含む禁止〈…な・…ないでくれ〉

5 東風《こち》吹かば匂ひおこせよ梅の花主《あるじ》なしとて春**な**忘れ**そ** (大鏡・時平)

● **「な…そ」の展開**

「な…そ」の「な」は、前項の終助詞「な」とは異なり、禁止を表す副詞と考えられ(異説もあります)、上代には上の「な」だけで禁止を表しました。中古になると、もっぱら「な…そ」の形で使用されますが、下の「…そ」だけで禁止の意を表す例もあります。

6 散りぬともほかへはやり**そ**色々の木の葉めぐらす谷の辻風 (夫木《ふぼく》和歌抄・雑)

「な…そ」による禁止の表現は、終助詞「な」による禁止の表現と比べて柔らかく穏やかに禁止する表現とされ、中古の女性は「な…そ」の形を用いるのがふつうでした。

なお、「な…そ」は、一般的には連用形に接続しますが、カ変・ナ変の場合は「な来《こ》そ」、「なせそ」のように、未然形に接続します。「勿来《なこそ》の関」を思い起こしましょう。

【ばや】 接続 **未然形につく**

①自己の願望〈…たい・…たいものだ〉

7 大納言殿に知らせ奉ら**ばや**。 (更級日記・大納言殿の姫君)

● **「ばや」の識別**

終助詞「ばや」は、接続助詞「ば」+係助詞「や」と間違えやすいので注意しましょう。

---

5 (春になって)東の風が吹いたなら、(その風に乗せて遠く太宰府《だざいふ》まで)香りをよこしてくれよ、(遠い都にある私の家の)梅の花よ。(おまえの)主人がいないからといって、春を忘れる**な**。

6 仮に散ってしまうにしても、ほかの場所へは移さ**ないでくれ**。色とりどりの木の葉をあちこちにめぐらす谷のつむじ風よ。

7 大納言殿にお知らせ申し上げ**たいものだ**。

a 未然形＋ばや（文末）→自己の願望の終助詞「ばや」→例文7・8
b 未然形＋ばや（文中）→仮定の接続助詞「ば」＋疑問の係助詞「や」→例文9
c 已然形＋ばや→確定の接続助詞「ば」＋疑問の係助詞「や」→例文10

8　世の中に物語といふもののあんなるを、いかで見**ばや**と思ひつつ　（更級日記・かどで）

9　心あてに折ら**ばや**折らむ初霜の置きまどはせる白菊の花　（古今集・二七七）

10　久方の月の桂《かつら》も秋はなほもみぢすれ**ばや**照りまさるらむ　（古今集・一九四）

「ばや」を問われた場合は、右のような三種類の識別になります。

ポイントはaの場合です。「未然形＋ばや」が文末、もしくは文が終止している場合は、願望の終助詞「ばや」〈…たいものだ〉となります。

「未然形＋ばや」が文中にある場合は、仮定条件の接続助詞「ば」＋疑問の係助詞「や」〈もし…だとしたら…だろうか〉となります。なお、例文8の「ばや」は文中にあるのではと思うかもしれませんが、ここは「いかで見ばや」という一文が心内語として挿入されていると考えるべきところで、その文末と判断します。引用の「と」が目印です。

【なむ（なん）】 接続 未然形につく

①他への願望〈…てほしい〉

11　足代《あて》過ぎて糸鹿《いとか》の山の桜花散らずあら**なむ**還《かへ》り来るまで　（万葉集・一二一二）

●奈良時代の「なも」
前項の終助詞「ばや」が自分の動作の実現を希望するのに対して、「なむ」は、他の人の動作の実現を希望する意、という違いを理解しましょう。なお、上代には「なむ」と同

8　世の中に物語というものがあるそうだが、（それを）なんとかして見**たいものだ**と思い続け、

9　あて推量に折るとする**ならば**折ってみよう**か**。初霜が（おりて一面真っ白に覆い、どれが本当の花かを）見分けがつかないようにさせている白菊の花を。

10　月の世界にあるという桂の木も、秋になるとやはり紅葉する**ので**（あのように月の光が）いっそう照り輝くのであろう**か**。（「久方の」は「月」にかかる枕詞。）

11　足代を通り過ぎてさしかかる糸鹿の山の桜の花は散らない**でほしい**。わたしが帰ってくるまでは。

じ意味で「なも」も用いられていました。こちらは、相手に向かって直接言うのではなく、話し手がひとり言のように言う場合に用いられることが多いようです。

12　三輪山をしかも隠すか雲だにも心あら**なも**隠さふべしや　（万葉集・一八）

●三種類の「なむ」の識別

活用語につく「なむ」には、次のように三種類があります。

a「願望」の終助詞「なむ」→例文11・13

b「強意」の係助詞「なむ」→例文14

c「完了」の助動詞「ぬ」の未然形「な」＋「推量」の助動詞「む」→例文15

13　月夜には来《こ》ぬ人待たるかき曇り雨も降ら**なむ**わびつつも寝む　（古今集・七七五）

14　その人かたちよりは心**なむ**まさりたりける。　（伊勢物語・二）

15　み吉野の山の山守言《こと》問はむ今いくかありて花は咲き**なむ**　（新後拾遺集・春上）

aの終助詞「なむ」は未然形に接続します。意味は「他への願望」で、「…してほしい」と訳します。例文11の「あら」はラ変動詞「あり」の未然形ですから、これに接続している「なむ」は願望の終助詞で、「あらなむ」で「あってほしい」意になります。例文13の「降ら」も四段動詞「降る」の未然形で、「降ってほしい」という意味です。

bの係助詞「なむ」は文末に注目しましょう。係助詞「なむ」は文中で使われると係り結びの法則により、文末が連体形になります。例文14の文末の「ける」は、助動詞「けり」の連体形です。

cの場合の「なむ」は一語ではなく、「な」と「む」に分解できます。「な」は完了の助動詞「ぬ」の未然形。完了の助動詞「ぬ」は連用形に接続します。例文15の「なむ」が接続している「咲き」はカ行四段動詞「咲く」の連用形です。

12　三輪山をそんなにも隠すのか。せめて雲だけでも（思いやりの）心があっ**てほしいものだ**。（三輪山を）隠し続けることがあってよいものだろうか。

13　こんな月夜の晩は、来ないとわかっている人でも待ってしまう。空がかき曇り、いっそ雨でも降っ**てほしい**。そうすればあきらめがついて悲しい思いをしながらも寝ることができるのに。

14　その人は顔かたちよりは**とりわけ**心が優れていたのだった。

15　吉野山の番人に尋ねよう。あと何日あれば桜の花は咲くよう**になるのだろう**。

16　世の中に（死という）避けられない別れがなけれ**ばよいのに**。親

【もがな（もが・もがも・がな）】 接続 体言・形容詞の連用形などにつく

①存在・状態に対する願望〈…があればいいなあ・…がほしい・…たいものだ〉

16　世の中にさらぬ別れのなく**もがな**千代もといのる人の子のため（伊勢物語・八四）

17　あしひきの山はなく**もが**月見れば同じき里を心隔てつ（万葉集・四〇七六）

18　君が行く道の長手《ながて》を繰《く》り畳《たた》ね焼き亡ぼさむ天《あめ》の火**もがも**（万葉集・三七二四）

19　かの君達《きんだち》を**がな**。つれづれなる遊びがたきに。（源氏物語・橋姫）

上代語「もが」には、いますぐ実現しそうもない事柄に対して「そうあってほしい」という願いの気持ちが込められています。上代では多く「もがも」の形で用いられましたが、中古以降には「もがな」が用いられています。また、「もがな」の「も」が脱落した「がな」の形も併用されました。

「な」は意味を強める働きをしていますが、「もや」「もな」がついて、「もがもや」「もがもな」となる場合もあります。いずれも強めが加わっただけで、基本的な意味は変わりません。現代語訳の「…なあ」が「な」「もや」「もな」に当たります。

20　甲斐《かい》が嶺《ね》を嶺ごし山ごし吹く風を人に**もがもや**言づてやらむ（古今集・一〇九八）

【しが（しがな）】【てしが（てしがな）】【にしが（にしがな）】 接続 連用形につく

①自己の願望〈…たい・…たいものだ〉

21　甲斐《かひ》が嶺《ね》をさやにも見**しが**心なく横ほり臥《ふ》せる小夜《さや》の中山（古今集・一〇九七）

22　秋ならで妻よぶ鹿を聞き**しがな**折から声の身にはしむかと（金葉集・秋）

23　いかでこなたを勝たせ**てしがな**、（堤中納言物語・貝あはせ）

に千年も（生きていてほしい）と祈る子どものために。

17　山はなけれ**ばよいのになあ**。月を見ると、同じ里にいるのに、山が中に入ってお互いの心を隔てたことだ。（「あしひきの」は「山」にかかる枕詞。）

18　あなたが行く長い道を手繰《たぐ》りたたんで焼き尽くしてしまう天の火**がほしいなあ**。

19　あの姫君たち**がほしいものだ**（＝がいてくれたらなあ）。所在ない折りの遊び相手に。

20　甲斐の山々を越して吹く風が人**であればいいなあ**。（そうすれば）言伝を頼むだろうに。

21　甲斐の山をはっきりと見**たいなあ**。（それなのに）心なく手前に横たわって臥している小夜の中山だよ。

22　秋ではないときに妻を呼ぶ鹿の声を聞き**たいものだなあ**。季節がらその声が身に染みるかどうかと（確かめるために）。

23　どうにかしてこちらを勝たせ**たいものだ**。

24　伊勢の海に遊ぶ海人《あま》ともなり**にしが**浪《なみ》かきわけてみるめ潜《かづ》かむ（後撰集・恋八九一）

上代語「しが」は、多く完了の助動詞「つ」「ぬ」の連用形について、「てしが（な）」「にしが（な）」の形で用いられます。「てしが（な）」「にしが（な）」で一語の終助詞と見ます。いずれも、自分の身に実現不可能なことが起こることを願う意を表します。

【か】【かも】【かな】 接続 体言・連体形につく

①詠嘆〈…よ・…なあ・…ことよ〉

25　悔しくも満ちぬる潮**か**住吉《すみのえ》の岸の浦廻《うらみ》ゆ行かましものを（万葉集・一一四四）

26　移りゆく時見るごとに心いたく昔の人し思ほゆる**かも**（万葉集・四四八三）

27　秋の野に乱れて咲ける花の色のちぐさに物を思ふころ**かな**（古今集・五八三）

●「かも」から「かな」へ

終助詞「か」は係助詞「も」と呼応し、「…も…か」の形で感動の意を表します（例文25）。また、「かも」は上代、特に万葉集に多く使われていましたが、中古以降は古風な和歌を除いて、「かな」に取って代わられます。この「かな」は連歌や俳諧でも切れ字として多用されるようになります。

【かし】 接続 文末につく

①念を押す意〈…よ・…だよ・…なのだよ〉

28　院はつれづれにおはしますらむ**かし**。（大鏡・昔物語）

終助詞「かし」は種々の語につきましたが、やがて係助詞の終止的用法の「ぞ」について「ぞかし」となるように、文末につくことが固定化してきます。現代語の「さぞかし」（「さ」

24　伊勢の海で遊ぶ海人にでもなり**たいなあ**。そうしたら、波をかき分けてみるめ（＝海藻）をもぐって取ろう（＝人目を忍んで恋しい人に会おう）。

25　残念なことに、満ちてしまった潮**よなあ**。住吉の岸の浦の曲がりくねった海岸を通って行けばよかったのに。

26　移り変わっていく時勢を見るごとに胸は痛み、昔の人が偲ばれる**ことよ**。

27　秋の野に乱れ咲くさまざまな花の色のように、いろいろと物思いが多いこの頃である**よ**。

28　院（円融院）は手持ち無沙汰でおいでになるだろう**よ**。

は副詞）、「これ見よがし」（「がし」は「かし」の濁音化したもの）は、その名残りです。

●強く念を押す「ぞかし」

係助詞「ぞ」に終助詞「かし」がついた「ぞかし」は、文末に用いてさらに強い念を押す意を表します〈…であるよ・…なのだ・…だぞ〉。

29　この住吉の明神は例の神**ぞかし**。（土佐日記・二月五日）

30　我はこのごろわろき**ぞかし**。盛りにならば、かたちも限りなくよく、髪もいみじく長くなりなむ。（更級日記・物語）

【チェックテスト】

問　次の傍線部の終助詞の用法として適切なものを選びなさい。

1　されば由《よし》なし事な言ひそ。只《ただ》居たれ。（今昔物語・一ノ一二）

2　竜《たつ》の頸《くび》の玉取り得ずは、帰り来《く》な。（竹取物語・竜の頸の玉）

3　これをかの北の方に見せ奉らばや。（蜻蛉日記・中）

4　「惟光、とく参らなむ」とおぼす。（源氏物語・夕顔）

5　行く末に、この御堂の草木となりにしがなとこそ思ひ侍れ。（大鏡・道長）

6　いかでとく京へもがなと思ふ心あれば、（土佐日記・一月一一日）

7　空蝉の世にも似たるか花桜咲くと見しまにかつ散りにけり（古今集・七三）

ア　自己の願望　イ　他への願望　ウ　願望を含む禁止　エ　詠嘆　オ　禁止

カ　存在・状態に対する願望

29　この住吉の明神は、例の（欲張りの）神様**であるよ**。

30　私は今は器量がよくない**ことだよ**。（けれども）盛りの年ごろになったならば、器量もこの上なくよく、髪もすばらしく長くなるだろう。

【チェックテスト解答・訳】

1　ウ　2　オ　3　ア　4　イ

5　ア　6　カ　7　エ

1　だからつまらぬことを言っては**いけない**。ただ座っていなさい。

2　竜の首の玉を取ることができないならば、帰ってくる**な**。

3　これを北の方さまにお見せ申し上げ**たいものだ**。

4　「惟光が、早く参上して**ほしい**」とお思いになる。

5　将来、この御堂の草木となり**たいなあ**と思います。

6　なんとかして早く都へ帰り**たいものだ**と思う気持ちがあるので、

7　はかないこの世に似ている**なあ**。桜の花は咲いたと思うと一方でもう散ってしまったよ。

6 間投助詞

文の途中・終わりを問わず種々の語について、語調を強めたり、感動の意を添えたりするものを間投助詞といいます。終助詞が文末にしかこないのに対して、文末にも文中にも自由に位置するのが間投助詞の特徴です。

間投助詞という名称は、「(文節の区切れる)間に投げ込まれる助詞」というところからきています。間投助詞を取り除いても、その文の表す事実関係は変わりません。

【や】 接続 種々の語につく

①調子を整える・詠嘆〈…なあ・…よ・…ことよ〉

1 われはも**や**安見児《やすみこ》得たりみな人の得がてにすとふ安見児得たり（万葉集・九五）

2 ほととぎす鳴く**や**五月《さつき》のあやめ草あやめも知らぬ恋もするかな（古今集・四六九）

②呼びかけ〈…よ〉

3 あが君**や**。いづ方にか、おはしましぬる。帰り給へ。（源氏物語・蜻蛉）

【よ】 接続 種々の語につく

①調子を整える・詠嘆〈…なあ・…よ・…ね〉

4 程だに経ず、かかる事の出でまうで来る**よ**。（源氏物語・若菜下）

5 （鸚鵡《おうむ》は）人のいふらむことをまねぶらむ**よ**。（枕草子・鳥は）

②呼びかけ〈…よ〉

6 少納言**よ**、直衣《なほし》着たりつらむはいづら。（源氏物語・若紫）

---

1 おれは**なあ**、安見児（＝采女《うねめ》の名）を手に入れたぞ。誰も彼も、みな得難いものという安見児を手に入れたぞ。

2 ほととぎすが鳴く五月のあやめ、その「文目《あやめ》（＝物の道理）」という言葉のように、物の道理の区別もつかなくなる夢中の恋をすることよ。（「ほととぎす……あやめ草」は、同音の「あやめ」導き出す序詞。）

3 お嬢さまっ！（＝乳母が浮舟を呼ぶ言葉）、どこに、おいでになってしまったのですか。お帰りください。

4 まだいくらもたたないのに、こんな一大事が起きますとは**ね**。

5 （鸚鵡は）人が何か言う言葉をまねするそうだ**よ**。

6 少納言**や**、直衣を着ているという方はどちら。

7 いとしいあなたにずっと恋いこがれていないで、秋萩のように咲いて散ってしまう花であったらよかったのに**なあ**。

8 川の瀬の流れ**が**速い**ので**、岩に

【を】接続 種々の語につく

①調子を整える・詠嘆〈…なあ〉 ＊訳さなくてもよい場合が多い

7 吾妹子《わぎもこ》に恋ひつつあらずは秋萩の咲きて散りぬる花にあらましを （万葉集・一二〇）

●原因・理由を表す「…を…み」

間投助詞「を」は、「体言＋を＋形容詞の語幹＋み」の形で原因・理由〈…が…ので〉を表します。（ここでの「を」を格助詞とみる説もあります。）「み」は形容詞の語幹につく接尾語。「を」が省かれ、「み」のみで原因・理由を表すこともしばしばあります（例文9）。

8 瀬**を**速**み**岩にせかれる滝川のわれても末にあはむとぞ思ふ （詞華集・二二九）

9 山深**み**春とも知らぬ松の戸にたえだえかかる雪の玉水 （新古今集・三）

練習問題

問一 次の傍線部の助詞の種類、および用法を答えなさい。

1 ここにも心にもあらでかくまかるに、昇らむをだに見送り給へ。 （竹取物語・かぐや姫の昇天）

2 小倉山峰のもみぢ葉心あらば今一たびのみゆき待たなむ （拾遺集・一一二八）

3 聖などすら、前《さき》の世のこと夢に見るは、いと難《かた》かなるを、 （更級日記・宮仕へ）

4 別当入道の包丁を見ばやと思へども、たやすくうち出でんもいかがと、 （徒然草・二三一）

5 采女《うねめ》の袖吹きかへす明日香風都を遠みいたづらに吹く （万葉集・五一）

せき止められる急流が、そこで二つに分かれても、結局はまた合流するように、たとえ今は、（思わぬじゃまが入って）あなたと別れようとも、将来はまた、きっと会おうと思うのですよ。

9 山が深い**ので**、春がいつやってきたのかも知られない山家《やまが》の松の戸にとぎれとぎれに雪どけの玉のように美しい滴が落ちかかっている。

【練習問題訳】

問一 1 私にも不本意ながらこうして（月の世界に）おいとまするのですから、**せめて**天に昇るの**だけでも**お見送りください。

2 小倉山の峰のもみじよ、もしお前に心があるのならば、どうかもう一度帝のお出ましがあるまで、散らずにそのままで待ってい**てほしい**。

3 高僧など**でさえ**、前世のことを夢に見るのは、とてもむずかしいと聞いているのに、

4 別当入道の包丁さばきを見**たい**ものだと思ったけれども、心やすげに言い出すのもいかがかと、

6 君がため惜しからざりし命さへ長くもがなと思ひけるかな　（後拾遺集・六六九）

7 さて、九月ばかりになりて、（夫が）出《い》でにたるほどに、　（蜻蛉日記・上）

8 いかで、このかぐや姫を得①てしがな、見②てしがなと、（竹取物語・貴公子たちの求婚）

問二　次の傍線部「し」を、文法的に説明しなさい。

1 炭櫃《すびつ》に火おこして物語などして集まり候ふに、　（枕草子・雪のいと高う降りたるを）

2 とりたてて、はかばかしき後ろ見しなければ、　（源氏物語・桐壺）

3 恋しからむことの耐へがたく、湯水飲まれず、　（竹取物語・かぐや姫の昇天）

4 この家に生まれし女子《をんなご》の、もろともに帰らねば、いかがは悲しき。　（土佐日記・帰京）

問三　次の傍線部「なむ」を、文法的に説明しなさい。

1 泣く泣くうち伏して、かたはらを見ければ文なむ見えける。　（大和物語・一〇五）

2 明日香川《あすかがは》行き廻《み》る岳《おか》の秋萩は今日ふる雨に散りか過ぎなむ　（万葉集・一五五七）

3 すみぞめのくらまの山に入る人はたどるたどるも帰り来ななむ（大和物語・一〇五）

問四　傍線部を助詞に注意して現代語訳しなさい。

1 男も女も、いかでとく京へもがなと思ふ心あれば、　（土佐日記・一月一一日）

2 こぼち渡せりし家どもは、……もとの様にしも作らず。　（方丈記・二）

3 散りぬとも香をだに残せ梅の花恋しきときの思ひ出にせむ　（古今集・四八）

4 若の浦に潮満ち来れば潟を無み葦辺をさして鶴《たづ》鳴き渡る　（万葉集・九一九）

5 まさしくありし心ちのするは、我ばかりかく思ふにや。　（徒然草・七一）

6 なほ、いかで心として死にもしにしがな。　（蜻蛉日記・中）

7 春日野は今日はな焼きそ若草のつまもこもれり我もこもれり　（古今集・一七）

5　采女のはなやかな袖を吹き返した明日香風は、都**が**遠くなった**ので**、今はむなしく吹いていることだ。

6　あなたに会うためには少しも惜しくないと思っていた私の命までが、お会いした今は、いつまでも長く続い**てほしい**と思ったことです。

7　さて、九月**くらい**になって、（夫が）外出したときに、

8　なんとかして、このかぐや姫を手に入れ**たいものだ**、結婚し**たいものだ**と、

問二　1　火鉢に火をおこして話などを**し**、女房たちが集まって（中宮さまのおそばに）お控え申し上げていると、

2　これという、しっかりした後ろ盾というものもないものだから、

3　（かぐや姫が帰ったあとに、その姿を）**恋しく思う**ことが堪えがたく、湯水も飲むことができずに、

4　この家で生まれ**た**女の子が、（土佐で死んでしまったため、都に）いっしょに帰っていないのが、どんなに悲しいことか。

問三　1　泣く泣くうつ伏せになっ

総合問題

次の文を読んで、後の問に答えなさい。

平宣時《のぶとき》朝臣、老いの後、昔がたりに、「最明寺入道、ある宵の間に呼ば①るる事ありしに、『②やがて。』と③申しながら、直垂《ひたたれ》のなくて、④とかくせしほどに、また使来たりて、『直垂などの⑤候はぬにや。夜なれば、⑥ことやうなりとも、⑦疾く。』とありしかば、なえたる直垂、うちうちのままにて⑧まかりたりしに、銚子《てうし》に土《かは》器《らけ》とりそへてもて出でて、『この酒を⑨ひとりたうべんがさうざうしければ、⑩申しつるなり。肴《さかな》こそなけれ。人は静まりぬらむ。⑪さりぬべき物やあると、⑫いづくまでも求め給へ。』とありしかば、紙燭《しそく》さして、くまぐまを求めしほどに、台所の棚に、小土器に味噌の少しつきたるを見出でて、『⑬これぞ求め得て⑭候ふ。』と申ししかば、『⑮事足りなむ。』とて快く数献《すこん》におよびて、興に入《い》ら⑯れ侍りき。その世には⑰かくこそ侍りしか。」と申さ⑱れき。

（徒然草・二一五）

問一　傍線部①「るる」、⑯および⑱の「れ」を文法的に説明しなさい。

問二　傍線部②を現代語訳しなさい。

問三　傍線部③「申しながら」は、次のいずれの意味か、答えなさい。

ア　申しつつ　イ　申すものの　ウ　申すので

問四　傍線部④「とかくせしほどに」とあるが、その理由として適当なものは次のうちどれか、答えなさい。

ア　人の前に着て出るような直垂がなかったから。

イ　夜なので出かけるのがおっくうであったから。

ウ　お叱りを受けるかと気がかりであったから。

て、（ふと）かたわらを見ると手紙が見えた。

2　明日香川が行きめぐって流れている丘の秋萩は、今日降る雨で散っ**てしまう**であろうか。

3　鞍馬の山に入って修行しているあなたには、道に迷いながらもぜひ帰ってきて**ほしい**。

（**問四**の訳は「解答・解説編」にあります。）

【総合問題語釈】

・**平宣時**　鎌倉幕府の執権を助けて政務を総領する職にあった。

・**最明寺入道**　北条時頼。北条時氏の二男。若くして兄経時に代わって執権となった。

・**直垂**　武士の平服

・**とありしかば**　「とあり」は「と仰せられる・ということばがある」の意で、尊敬表現。

・**なえたる**　着古して、折り目もなくなっていることをいう。「たる」は完了の助動詞・連体形。

・**銚子**　酒を入れ、人にすすめる器。

エ　直垂の持ち合わせが一枚もなかったから。

問五　傍線部⑤「候は」と⑭の「候ふ」を文法的に説明しなさい。

問六　傍線部⑥「ことやう」は、具体的にはどのようなさまを指しているか、本文中からそれを記した部分を抜き出しなさい。

問七　傍線部⑦「疾く」の後には省略された表現があるが、その内容として適当なものは次のうちどれか、答えなさい。

ア　お休みなさい　イ　借りてきなさい　ウ　参上しなさい

問八　傍線部⑧は、誰が誰のところへ「まかりたりし」なのか、答えなさい。

問九　傍線部⑨の現代語訳として適当なものは次のうちどれか、答えなさい。

ア　ひとりで味わうのがふさわしいので

イ　ひとりで味わうのが楽しいので

ウ　ひとりで味わうのが寂しいので

エ　ひとりで味わうのが心苦しいので

問一〇　傍線部⑩は、何を「申しつるなり」なのか、答えなさい。

問一一　傍線部⑪「さりぬべき物」とあるが、その内容として適当なものは何だと思われるか、答えなさい。

問一二　傍線部⑫「いづくまでも」は、具体的にはどこを指しているか、答えなさい。

問一三　傍線部⑬「これ」および⑰「かく」はそれぞれどのようなことを指しているか、答えなさい。

問一四　傍線部⑮「事足りなむ」は具体的にどのようなことを言ったのか、答えなさい。

・**土器**　かわらけ。素焼きの皿や盃をいう。

・**肴**　酒のおかず。

・**紙燭さして**　「紙燭」は携帯用照明具。後世のろうそくに相当するもの。「さして」は「ともして」の意。

・**その世には**　「その時代には」の意。

（訳は「解答・解説編」にあります。）

皆藤俊司（かいとう・しゅんじ）
1971年國學院大學文学部卒。大学受験生対象の受験雑誌編集（旺文社）、高等学校国語教科書の編集（桐原書店）に36年間携わる。その後、その経験を生かして、日本全国の高校生・国語教師を対象に講演活動を行い、学習法や指導法を発信し続けている。著書に『古文攻略　助動詞がわかれば古文は読める！』『古文攻略　敬語がわかれば古文は完璧！』など。

古文攻略シリーズ

助動詞がわかれば古文は読める！　A5判72頁／別冊解答・解説編16頁付
文法の要である助動詞を徹底的に集中学習　定価820円＋税

敬語がわかれば古文は完璧！　A5判64頁／別冊解答・解説編16頁付
最後の仕上げは敬語の理解　定価780円＋税

古文攻略
古典文法基礎固め
まずは用言の活用と助詞から始めよう！

2018年9月5日　第1刷発行

編著者　皆藤俊司
発行者　稲葉義之
印刷所　株式会社シナノパブリッシングプレス

発行所　株式会社 **小径社** Shokeisha Inc.
〒350-1103　埼玉県川越市霞ケ関東5-27-17　TEL 049-237-2788
http://www.shokeisha.com/

ISBN　978-4-905350-09-5
◎定価はカバーに表示してあります。
◎落丁・乱丁はお取り替えいたします。

古文攻略

古典文法基礎固め

まずは用言の活用と助詞から始めよう！

解答・解説編

小径社

【用言編】〈動詞（37ページ）〉

問一解答　1　マ行四段活用・連用形・歩む
2　サ行変格活用・未然形・す
3　ラ行上二段活用・命令形・降《お》る
4　ナ行変格活用・未然形・いぬ（往ぬ）
5　ヤ行下二段活用・連体形・見ゆ
6　カ行変格活用・命令形・く（来）
7　カ行下一段活用・連用形・蹴る
8　ヤ行上一段活用・連体形・射る
9　ラ行変格活用・已然形・あり

考え方　問題を解答するに際しては、設問の要求に沿った答え方をしなくてはなりません。特に、用言に関する問題での基本的な答え方を身につけておきましょう。

・品詞の活用形を問われた場合、「未然形」「連用形」「終止形」「連体形」「已然形」「命令形」のいずれかを答える。

・活用の基本形を問われた場合は、その語の「言い切りの形」＝「終止形」を答える。

・活用の種類を問われた場合、

　a　動詞ならば、「四段活用」「上二段活用」「下二段活用」「上一段活用」……のいずれかを答える。

　b　形容詞ならば、「ク活用形容詞」「シク活用形容詞」のいずれかを答える。

　c　形容動詞ならば、「ナリ活用形容動詞」「タリ活用形容動詞」のいずれかを答える。

・動詞の活用の種類を問われた場合、「○行○○活用」のように、活用の行を含めて答える。

1　活用の種類を特定するためには「ず」をつけてみます。「歩み」の場合は「歩まズ」とア段につきますので四段活用とわかります。マ行四段活用は「ま・み・む・む・め・め」と活用しますし、また、下に接続助詞の「て」がついていますので連用形とわかります。

2　サ変動詞は「せ・し・す・する・すれ・せよ」と活用します。また、推量の助動詞「む」は未然形接続ですから、接続からも未然形と特定できます。

3　「降りズ」と、イ段に「ず」がつきますから上二段活用です。ラ行上二段は「り・り・る・るる・るれ・りよ」と活用します。終止形が「降りる」ではなく、「降《お》る」となることに注意してください。活用形は「降りよ」とありますので、命令形です。

4　「いぬ」が仮名表記の場合は注意が必要です。「往ぬ」「去ぬ」「寝ぬ」はいずれも「いぬ」と読みます。「往ぬ」「去ぬ」はナ変動詞で同じ意味です。「寝ぬ」はナ行下二段動詞で、名詞の「寝《い》」と下二段動詞の「寝《ぬ》」とが複合したものです。ここは文脈から「往ぬ（去ぬ）」と判断します。下に推量の助動詞「む」がありますので「いな」は未然形とわかります。未然形が「いな」の形になるのはナ変動詞です。「な・に・ぬ・ぬる・ぬれ・ね」と活用します。

5 「見ゆる」は「ず」をつけてみると「見えズ」となるのでヤ行下二段活用動詞です。上一段動詞「見る」と間違えないようにしましょう。ヤ行下二段は「え・え・ゆ・ゆる・ゆれ・えよ」と活用します。「見ゆる」は活用の上からも連体形とわかりますが、接続の上からも引用の格助詞「と」に続きますので連体形と判断できます。

6 カ変動詞「来《く》」は、「こ・き・く・くる・くれ・こ／こよ」と活用します。未然形と命令形がともに「こ」となりますので注意が必要です。命令形には「来《こ》よ」もありますが、中古の末期ごろまでは「よ」を伴わずに「来《こ》」が用いられていました。

7 下一段活用の「蹴る」は、「け・け・ける・ける・けれ・けよ」と活用します。下に「たり」と続くことから連用形とわかります。「蹴る」は現代語（五段活用）にもありますから、その活用が混乱しがちです。特に未然形・連用形の「けズ・けタリ」は、とかく現代語の「けらズ・けりタリ」と間違えやすいので注意しましょう。

8 「いる」とあったら「君にゐる日＝上一段動詞」を思い出しましょう。「射る」はヤ行上一段動詞です。「い・い・いる・いる・いれ・いよ」と活用します。「事」という形式名詞に続いていきますので連体形とわかります。なお、ヤ行上一段の動詞は「射る」「沃《い》る〈そそぐ・あびせる〉」「鋳《い》る」の三語だけです。ア行やワ行と間違えないようにしましょう。

9 「あり」はラ変動詞。「ら・り・り・る・れ・れ」と活用します。下に続く「ば」は未然形・已然形につく接続助詞ですが、已然形につく場合は順接の確定条件を示す働きをします（69ページ参照）。

問二解答 1 思ふ 2 過ぐる 3 死ぬれ 4 経《へ》
5 似る 6 蹴《け》 7 おはする 8 侍る 9 来る

考え方 1 文を終止する形には、「終止形」と「命令形」があります。終止形は動詞の基本となる形（基本形）であって、言い切りの形といわれます。命令形は文の終わりに使うという意味では終止形と同じですが、相手にその動作をさせるという命令のニュアンスが入るところが異なります。問題を解くにあたっては、どちらがいいか、その文意をよく考えることが大切になります。ここは、主語が「男は」とありますから、述語は（女を妻にしようと）「思う」と、いわゆる普通の言い切りの形がふさわしいでしょう。

2 ここは下に「人」という体言がありますから、連体形となります。ガ行上二段動詞は「ぎ・ぎ・ぐ・ぐる・ぐれ・ぎよ」と活用しますから、連体形は「過ぐる」となります。

3 接続助詞「ば」は未然形か已然形に接続します。未然形に接続する仮定条件ならば「…ならば・…たら」の意。已然形に接続する順接確定条件ならば「…ので・…と」の意です。下に「極楽の迎へいますらん」と、現在推量の助動詞「らん」がありますから、ここは未然ではなく已然、すなわち確定条件ととるべきところです。なお、ナ変動詞の連体形・已然形が「ぬる・ぬれ」となることをしっかり確認しておきましょう。

4　ハ行下二段動詞「経《ふ》」は「へ・へ・ふ・ふる・ふれ・へよ」と活用します。ここは、いったん活用語の連用形で言いさしの形にして、さらに下に続けていく「連用中止法」ですから、連用形の「経《へ》」とします。

　連用中止法が分かりにくいかもしれませんね。例えば「花咲き、鳥歌う」という文の場合、「咲き」は「咲く」の連用形です。一般に連用形は他の語と接続して「咲きヌ・咲きタリ・咲きテ」などと使われますが、この例文では「咲き」のままで、他の語と接続することなく、一度叙述を中止して後につなげていきます。このような用法を連用中止法といいます。

　なお、語幹と語尾の区別がない下二段動詞「得《う》・経《ふ》・寝《ぬ》」が漢字表記の場合、活用形によって読みが異なることに注意しましょう。

5　下に「べき」という終止形接続の推量の助動詞「べし」の連体形が続いています。「似る」はナ行上一段動詞ですから、「に・に・にる・にる・にれ・によ」と活用します。したがって、終止形「似る」となります。

6　下接する「給ふ」は補助動詞ですから、カッコ内の語は連用形となります。「蹴る」は下一段の動詞で「け・け・ける・ける・けれ・けよ」と活用します。したがって連用形は「蹴《け》」となります。連用形「け（給ふ）」という言い方に注意しましょう。

7　「おはす」はサ変動詞です。「せ・し・す・する・すれ・せよ」と活用します。上に係助詞「なむ」がありますから、係り結びとなって、連体形「おはする」で結びます。

8　「侍り」はラ変動詞「あり・居り」の丁寧語で、補助動詞としての働きをし、「ら・り・り・る・れ・れ」と活用します。下に連体形に接続する格助詞「に」を伴っていますので、連体形「侍る」となります。

9　「来」はカ変動詞。「こ・き・く・くる・くれ・こ／こよ」と活用します。下に「夜」という体言がありますので、連体形「来る」となります。

問三解答　1　①「あり」＝ラ変動詞「あり」の連用形。「つ」＝強意の助動詞「つ」の終止形。「らめ」＝推量の助動詞「らむ」の已然形で係助詞「こそ」の結び。

②「心うがら」＝ラ行四段動詞「心うがる」の未然形。「れ」＝尊敬の助動詞「る」の連用形。「けり」＝過去の助動詞「けり」の終止形。

2　「いまそがり」＝「あり・居《を》り」の尊敬語「いまそかり」の連用形。「けり」＝過去の助動詞「けり」の終止形。

3　ナ行変格活用「死ぬ」の連体形。

4　「顧み」＝マ行上一段の複合動詞「顧みる」の未然形。「ず」

＝打消の助動詞「ず」の連用形。
5 「御覧じとがめ」＝マ行下二段活用の複合動詞「御覧じとがむ」の未然形。「ず」＝打消の助動詞「ず」の終止形。「や」＝疑問の係助詞
6 「持《も》て来《き》」＝カ変の複合動詞「持て来」の連用形。「たる」＝完了（存続）の助動詞「たり」の連体形。

考え方 1 文法的に説明するためには、的確に品詞分解をすることが大切になります。①は「あり／つ／らめ」、②は「心うがら／れ／けり」となります。①の推量の助動詞「らめ」の「め」を、推量の助動詞「む」の已然形と間違えないようにします。「む」と考えては前の語との接続の説明ができません。②は、「心うがら」を、形容詞「心憂《う》し」の語幹「心憂」に、形容詞を動詞化する働きを持つ接尾語「がる」がついたものと気づくことがポイントです。現代語でも「強がる・うれしがる」などと用いられています。「心うがる」でラ行四段活用。「情けなく思う」意となります。
2 「いまそか（が）り」は「いますか（が）り」とも表記されます。「あり・居り」の尊敬語「いらっしゃる・おいでになる・おありになる」意です。連用形接続の過去の助動詞「けり」へ続いています。
3 「死ぬる」の「る」に迷うかもしれませんが、それに続く「きざみ」が「とき・折・場合」などを表す名詞だと気づけば「死ぬ」の連体形とわかります。「る」を助動詞だと考えた場合、連体形が「る」になるのは完了の助動詞「り」のみですが、完了「り」の場合はサ変の未然形か、四段の已然形に接続（＝「り」は、サ未四已）するはずですから説明できません。したがって、「死ぬる」で一語と判断します。
4 「顧みる」は上一段活用の複合動詞です。「みる」の複合動詞として、ほかに「試みる」「鑑《かんが》みる〈先例に照らして考える〉」「後《うしろ》見る〈世話をする〉」「惟《おもん》みる〈よく考える〉」などがあります。また、ここでの「ず」は、連用形で言いさしの形となる連用中止法です。
5 複合動詞が敬語化されている場合は、その部分を普通表現に置き換えてから考えると間違いが少なくなります。「御覧じとがむ」→「見とがむ」の尊敬語で「注目なさる・御覧になって不審がられる」意となります。
複合動詞の敬語には、他に次のようなものもあります。
「大殿籠り過ぐす」→「寝過ぐす」の尊敬語。〈寝過ごしなさる〉
「おぼし立つ」→「思ひ立つ」の尊敬語。〈ご決心なさる〉
6 「持《も》て」は「持ちて」の促音便「持つて」の促音「つ」が表記されない形です。カ変の複合動詞として、「持て来」のほか、「出《い》で来」「追ひ来」「詣《まう》で来」などがあります。

問四解答 1 ①き ②くれ　2 き　3 こ
4 こよ　5 く

考え方 漢字表記のカ変動詞の読みは、しばしばテストで問われるところです。活用の仕方「こ・き・く・くる・くれ・こ

／こよ」をきちんと記憶すること。そして、各活用形に接続する語を把握しておくことが大切です。

1　①は下に同じ動詞の間にはさんで意味を強める格助詞「に」があります。この「に」は連用形接続ですので、カ変の連用形「き」となります。②は活用形から已然形「くれ」と判断できますが、下に接続助詞「ば」があることも見分ける判断材料となります。

2　「けり」は過去の助動詞。連用形接続ですから「きケリ」となります。

3　「ざり」は打消の助動詞「ず」の連用形です。「ず」には「ず・ず・ず・ぬ・ね」と下に助動詞をつけるためにできた「ざら・ざり・○・ざる・ざれ・ざれ」という二系列があります。この助動詞「ず」は未然形接続ですので、「こザリ」となります。

4　命令で言い切る形ですから、命令形「こよ」となります。

5　文を終止する形です。終止形「く」となります

なお、カ変動詞「来」・サ変動詞「す・おはす」に過去の助動詞「き」が接続する場合は注意が必要です。一般に、過去の助動詞「き」は活用語の連用形に接続しますが、カ変とサ変の場合のみ、変則的に未然形に接続することがあるのです。その場合の「来」の読みに注意しましょう。

・カ変→未然形接続「こ—し」「こ—しか」
　　　　連用形接続「き—し」「き—しか」

a　都出《い》でて君にあはむと来《こ》しものを来《こ》し甲斐《かひ》もなく別れぬるかな

（土佐日記・一二月二六日）

〈あなたに逢おうとして都を出て来たのに、その甲斐もなく（国守の任期を終えた）あなたは都へと別れていくのですね。〉

b　真幸《まさき》くて吾《あれ》帰り来む平《たひら》けく斎《いは》ひて待てと語らひて来《こ》し日のきはみ…

（万葉集・三九五七）

〈「無事で私はかえってこよう。平安であるよう祈って待っていなさい」と語らってきた日を最後に…〉

c　ある時には、来《き》し方《かた》行く末も知らず海にまぎれんとしき。

（竹取物語・蓬莱の玉の枝）

〈あるときには、今まで来た道もこれから進むべき道もわからなくなり、海に沈んでしまいそうになりました。〉

・サ変→未然形接続「せ—し」「せ—しか」
　　　　連用形接続「し—き」

d　母のいとかなしくして、宇治にもときどき率ゐておはせしかば、

（源氏物語・夢浮橋）

〈（小君のことは）母親がとてもかわいがって、宇治にもときおり連れておいでだったので、〉

例文a・bはカ変の未然形に接続、例文cはカ変の連用形に接続の例。例文dはサ変の未然形に接続の例です。どちらかというと、未然形接続が古い用法、連用形接続が中古になって発生した新しい用法のようです。なお、カ変での連用形接続の用例は多くありません。

〈形容詞・形容動詞（52ページ）〉

問一解答　1　ゆかし　2　苦しげなり　3　いみじ
4　はなやかなり　5　にくげなり　6　白し
7　朧々たり

考え方　1「ゆかしかり」は、シク活用形容詞「ゆかし」の連用形。「見たい・聞きたい・知りたい」意。形容詞には本活用と補助活用（カリ活用）がありますが、下に助動詞が接続する場合は補助活用を用います。ここは、下に過去の助動詞「しか」（「き」の已然形）を伴っていますので補助活用となっています。

2「苦しげな」は、ナリ活用形容動詞「苦しげなり」の連体形「苦しげなる」が「苦しげなん」と撥音便化し、その撥音「ん」の無表記です。ナリ活用形容動詞の連体形に、助動詞「なり（伝聞・推定）・めり・べし」がつくと撥音便化します。形容動詞の音便は、ナリ活用の撥音便一種類のみです。この音便は無表記の場合がしばしばあります。ただし、読むときには「ん」を補って読むようにします。

3「いみじく」は、シク活用形容詞「いみじ」の連用形。「思ふ」という用言に続いていきます。

4「はなやかに」は、ナリ活用形容動詞「はなやかなり」の連用形です。「連用中止法」の形ですが、下の「うれしげなる」と二つ対等に「こそ」にかかっていきます。「はなやかなるこそ……」と同じ意です。

5「にくげなる」は、ナリ活用形容動詞「にくげなり」の連体形。下に「こと」という形式名詞がありますから連体形とわかります。

6「白う」は、ク活用形容詞「白し」の連用形「白く」のウ音便。形容詞の連用形が用言や助詞「て」などに続くときは、しばしばウ音便化します。

7「朧々と」は、タリ活用形容動詞「朧々たり」の連用形です。タリ活用形容動詞の連用形には「たり」と「と」がありますが、下に助動詞が接続する場合は「たり」が、助動詞以外の語が接続する場合は「と」が用いられます。ここは、接続助詞「して」が接続していますから「と」となります。

問二解答　1　形容詞・シク活用・久し・未然形
2　形容動詞・ナリ活用・稀有なり・連用形
3　形容詞・シク活用・いまいまし・連体形
4　形容詞・ク活用・若し・連体形
5　形容動詞・タリ活用・颯々たり・連用形

考え方　1「久しから」は、シク活用形容詞「久し」の未然形。下に打消の助動詞「ず」がありますので、ラ変型の活用をする補助活用が使われています。

2「稀有に」は、ナリ活用形容動詞「稀有なり」の連用形。「して」という連用形接続の接続助詞に続いていています。ナリ活用形容動詞の連用形には「なり」と「に」がありますが、助動詞以外の語が下に続く場合は「に」に接続します。

3　「いまいましき」は、形式名詞「こと」に続いていますので、シク活用形容詞「いまいまし」の連体形です。
4　「若き」は、下に体言「法師」がつきますので、ク活用「若し」の連体形です。
5　「颯々たり」は、「し」という助動詞に続いています。タリ活用形容動詞の連用形には「たり」と「と」がありますが、ここは、過去の助動詞「き」の連体形「し」に続いていますので「たり」が用いられています。
タリ活用は中古・中世の漢文訓読体の文章や和漢混交文の中に多く見られます。もともと漢語を語幹にしているものですから、基本的に和文の中には見られません。

問三解答　1　優に　2　恥ずかしけれ　3　峨々と
4　めでたく

考え方　1　「優なり」は、ナリ活用の形容動詞。下にサ変動詞「おはす」がありますので連用形となります。ナリ活用の連用形には「に」と「なり」がありますが、下に助動詞がつながるときには「なり」が、助動詞以外の語がつながる場合には「に」が用いられることを確認しましょう。
2　「はずかし」は、シク活用の形容詞です。下に已然形に接続する逆接の接続助詞「ど」がありますので、已然形の「恥ずかしけれ」となります。形容詞の場合、下に続く語が助動詞以外の場合は本活用のほうにつきます。
3　「峨々たり」は、タリ活用の形容動詞。下接する語は接続助詞「して」です。タリ活用形容動詞の連用形は、下に助動詞以外の語が続く場合は「たり」ではなく「と」を用いますので、「峨々と」となります。
4　「めでたし」はク活用の形容詞。「造る」という動詞に続きますので、本活用の連用形「めでたく」となります。

問四解答　1　潟＝名詞。を＝間投助詞。無＝ク活用形容詞「無し」の語幹。み＝接尾語。「…を…み」の形で原因・理由を表す用法。
2　むげ＝ナリ活用形容動詞「むげなり」の語幹。の＝格助詞。こと＝名詞。形容動詞語幹が助詞「の」を伴って連体修飾語の働きをしている。
3　①和う＝ク活用の形容詞「和し」の連用形「和く」のウ音便形。②いみじう＝シク活用の形容詞「いみじ」の連用形「いみじく」のウ音便形。
4　あな＝感動詞。不思議＝ナリ活用形容動詞「不思議なり」の語幹。形容動詞の語幹で言い切り、感動を強める表現。
5　多か＝ク活用形容詞「多し」の補助活用連体形「多かる」の撥音便無表記。めれ＝推量の助動詞「めり」の已然形で、係助詞「こそ」の結び。

考え方　1　〈現代語訳〉「和歌の浦に潮が満ちてくると、干潟がないので、葦の生えているあたりをさして、鶴が鳴き渡ることだ。」
「…を…み」の形で「…が…なので」「…の…さに」と原因・

理由を表す典型的な用法です。「を」は間投助詞（格助詞とする説もあります）。「み」は接尾語で、形容詞の語幹（シク活用では終止形）に接続します。

2 〈現代語訳〉「むちゃなことをおっしゃるものですね。」

形容詞・形容動詞の語幹には、助詞「の」を伴って連体修飾語になる働きがあります。ここは、形容動詞「むげなり」の語幹「むげ」＋格助詞「の」で、形式名詞「こと」を修飾しています。

3 〈現代語訳〉「猫がたいへんのんびりと鳴いているのをはっと思って見ると、たいそうかわいらしい猫がいる。」

形容詞の連用形「―く」「―しく」は、「―う」「―しう」となることがあります。すなわちウ音便です。①はク活用形容詞「和し」の連用形「和く」のウ音便形。②はシク活用形容詞「いみじ」の連用形「いみじく」のウ音便形です。

4 〈現代語訳〉「ああ、不思議。火もあんなにたくさんあったことだな。」

形容詞・形容動詞語幹には、単独で、または感動詞や助詞「や」とともに用いられて感動表現となることがあります。ここは、形容動詞「不思議なり」の語幹で言い切り、感動を強調しています。

5 〈現代語訳〉「さてまあ、この世にうまれたからは、（誰しも）こうあってほしいと思うことはたくさんあるようである。」

「多かめれ」は、形容詞「多し」の連体形「多かる」に伝聞・推定の助動詞「めり」がついた「多かるめれ」の撥音便形「多かんめれ」の撥音便無表記です。無表記であっても「多かんめれ」と読みます。助動詞「めれ」は已然形。「こそ…めれ」で係り結びとなっています。

問五解答 1 山が高いので 2 ありきたりの紙 3 ああ素晴らしい。 4 どうしていないことがあろうか（いや、いるはずだ）。 5 ああ気にくわない様子だよ。

考え方 1 〈現代語訳〉「都人が私はどうしていると尋ねたら、（甲斐の国は）山が高いので雲が晴れることがないように、この遥かな遠国《おんごく》で侘びしく暮らしていると答えて下さい。」

形容詞の語幹に接尾語「み」がついて「…なので」と原因・理由を表す用法です。多くの場合、「体言＋を＋形容詞語幹＋み」の形で「…が…なので」と訳し、和歌にしばしば見られます。現代語訳の問題としてテストに頻出しますので、要注意構文です。なお、問題文中の「雲ゐ」とは、雲のあるところ。また、遥か遠い場所の意にもなります。

2 〈現代語訳〉「ありきたりの紙ではとても張ることができませんので、（ふさわしい紙を）探しています。」

形容詞・形容動詞の語幹には、助詞「の」を伴って連体修飾語としての働きがあります。「おぼろげ」は、ナリ活用の形容動詞「おぼろげなり」〈なみひととおりのさま〉の語幹です。「おぼろげの」で「紙」を修飾しています。

3 〈現代語訳〉「（関白道隆様は）ああ素晴らしい。大納言ほどの身分の人に靴をとらせておられるよ、と見ていた。」

「あなめでた」は、「感動詞＋形容詞の語幹」の慣用表現です。「ああ素晴らしい」という意です。同様の慣用表現に、「あなかま」〈しっ、静かに〉、「あなかしこ…な」〈決して…するな〉などがあります。

4 **〈現代語訳〉**「（自分が問うたことを）本当に知らない人だって、どうしていないことがあろうか（いや、いるはずだ）。」

「など」は疑問の副詞。「か」は反語の係助詞。「なから」はク活用形容詞「なし」の未然形。下に助動詞が接続しますのでカリ活用（補助活用）となっています。「む」は推量の助動詞「む」の連体形で、「か」の結びです。

5 **〈現代語訳〉**「女童は、『ああ気にくわない様子だよ』と、むやみに腹が立ってつぶやいたことは、」

ここは、表面ばかり優美に繕おうとする女房に対しての、女童のいらだちの言葉です。「あら」は、3の「あな」と同じく、驚きや感動を表す感動詞で、「ああ」の意。「心づきな」はク活用形容詞「心づきなし」の語幹で、「気にくわない」意。形容詞の語幹は主に感動表現に用いられ、「語幹＋の＋体言＋や」はその基本的な語法の一つです。「の」は連体修飾語を作る格助詞。「やう」が形式名詞で、「様子・方法・理由・こと」などさまざまに訳されますが、ここでは「様子」の意。「や」は詠嘆の間投助詞。

【助詞編】〈格助詞・接続助詞〉（78ページ）

問一解答 1 ①・②とも連体修飾格 ③主格 ④体言の代用

2 ①同格 ②主格 3 即時 4 引用

5 ①・②とも動作・作用の手段・方法

考え方 1 ①・②はそれぞれ「国」「博士」という体言にかかっていますから連体修飾格。③は「学者たちの書いた」と、主語を表しますから主格です。主語を表す場合でも、その述語は終止形で文を終わらせることなく、連体修飾語や連用修飾語の働きをして、下の語に続いていきます。④は、連体修飾の被修飾語（名詞）が省略された形です。「の」が体言の代わりに用いられています。このような「の」を「準体助詞」ともいいます。

2 ①は、いわゆる同格の意を表す「の」です。その後の「きたなげなる」の下にあるべき体言「板屋」が省略された形です。②の「が」は主格。体言に準じて用いられている連体形を受けて、主語を表しています。

3 格助詞「より」にはさまざまな用法がありますが、ここは注意しておきたい即時の用法です。「…するとすぐ」という、動作・作用がすぐに続いて行われることを表しています。

4 「と」は、「春来ぬ」という言葉を受けています。人の言葉や思うことなどを直接受けて引用を表します。ここでは「言ふ」という動詞へ続けて、その内容を示しています。

5 ①・②とも手段・方法を表す「より」です。動作や作用の手段・方法を表す「より」は、主に上代に用いられました。中古になると「にて」が多く用いられるようになります。

問二解答　1　①・②とも順接の確定条件（恒常条件）
2　逆接の確定条件　3　順接の確定条件（原因・理由）
4　逆接の仮定条件　5　逆接の確定条件

考え方　接続助詞の働きを押さえるには、まず、単純接続か、もしくは順接か逆接かを考えます。そして、順接・逆説の場合は、それぞれ仮定条件なのか、確定条件なのかを確認します。
1「ば」の場合は、接続する上の語が未然形なのか、已然形なのかを確認しましょう。未然形接続ならば順接の仮定条件〈…ならば〉、已然形接続ならば順接の確定条件〈…ので〉となります。ここは①・②ともハ行四段動詞「食む」の已然形に接続していますので、順接の確定条件です。瓜や栗を食べると（いつも）子どものことが偲ばれるというのですから、恒常条件となります。
2　接続助詞「に」には、単純接続のほか、順接の確定条件、逆接の確定条件の用法があります。「に」の場合は、「已然形＋ば」や「已然形＋ど・ども」のように接続から判断することができません。したがって、文中の前の事態と後の事態の内容を読み取り、その関係が単純接続なのか、順接なのか逆接なのかを判断しなくてはなりません。ここは光源氏の誘いを拒んだ女の逡巡する気持ちが語られています。光源氏に気の毒な思いをさせたものの、それっきり手紙がこないのも、女にとっては満たされない思いがするという場面です。逆接の確定条件と取るべきところでしょう。
3　過去の助動詞「けり」の已然形「けれ」に接続する「ば」ですから、順接の確定条件です。「唐衣…」という歌を詠んだことで、そこにいる人々がみな都に置いて来た恋人のことを思い出して涙を流したというのですから、原因・理由となります。
4　接続助詞「と」「とも」は一般に終止形に接続しますが、形容詞型の活用語には連用形接続となります。ここはシク活用の形容詞「いみじ」の連用形についています。逆接の仮定条件は「と」「とも」の二語なので、覚えておきましょう。
5　意識はあるけれども腰が動かないという、逆接の確定条件を表す「ども」です。接続助詞「ど」「ども」は同じ意味で使われますが、「ども」は漢文訓読調の文章に多く使われています。散文では、中古には「ど」が優勢ですが、中世以降になると逆に「ども」が一般的に使われるようになります。

問三解答　1　夢に、たいそう清楚な感じの僧で、黄色地の袈裟を着ている僧がきて、
2　三里に灸をすえる（など旅の支度をする）とすぐに、松島の月が真っ先に気にかかって、
3　同じ局に生活をしている若い女房たちと一緒に、何もわからず、
4　世の中に、もしもまったく桜がなかったならば、春を過ご

す人の心はのんびりと落ち着いていられるだろうに。

5 桜花の散る木の下を吹き通る風は寒くはなくて、空には知られない（＝見たことのない）雪が降ることだよ。

6 すべてがその季節季節に応じて一年すっかりそのまま趣がある。

7（若い男と女の）思う気持ちはいよいよ強まる。

考え方

1 ここでの「の」が同格であることを見極めることがポイントです。同格を示す格助詞「の」は、「体言＋の、…連体形＋助詞（が・に・を）」という形をとります。現代語訳の際には、「の」を「…で」と訳し、次の連体形の下に、「の」の上にある体言を補って訳します。同格「の」の現代語訳はテストでもよく出題されます。「清楚な感じの僧と「黄色地の袈裟を着た僧」が同格（同一人物）です。体言の繰り返しなど、ややくどい表現になりますが、正確に訳出するようにしましょう。

2 格助詞「より」には、動作・作用が即時に続いて行われることを示す働きがあります。「…やいなや」「…するとすぐに」の意です。「三里」とは灸点の一つです。膝関節の下の外側にある少しくぼんだ所で、ここに灸をすえると万病に効くとされます。

3 格助詞「して」には、①手段・方法、②動作を共にする相手、③使役の対象、という用法がありますが、ここは②の用法です。「…と一緒に」と訳出します。格助詞「して」と同じ形の語に接続助詞の「して」がありますが、接続で見分けるようにします。

・格助詞「して」→体言に接続。

・接続助詞「して」→形容詞・形容動詞および形容詞・形容動詞型活用の助動詞（「ず」を含む）の連用形に接続（動詞には接続しません）。

4 接続助詞「ば」は、未然形接続か已然形接続かを確かめましょう。ここは過去の助動詞「き」の未然形（一説に、サ変動詞「す」の未然形）についていますから、順接の仮定条件とわかります。已然形接続の場合は順接の確定条件です。なお、「せば」は末尾の助動詞「まし」と呼応し、「せば……まし」で反実仮想〈もし……としたら……だろうに〉の構文となります。

5 打消しの接続助詞「で」です。この「で」は、打消しの助動詞「ず」に接続助詞の「して」がついて、「ずして→ずで→で」と変化したものといわれています（異説もあります）。「…なくて・…ないで」という意味になります。この歌は紀貫之作。「知られぬ雪」とはわかりにくい表現ですが、季節外れの雪に見立てた桜の花びらが春風に舞い散るさまと受け止めればよいでしょう。

6 接続助詞「ながら」には、①二つの動作が同時に行われる、②逆接の確定条件、という働きがあります。加えて、体言の下についた場合には、その条件を変えずに、すっかりそのままである意を表す働きがあることに注意しましょう。「…のままで」「…の全部」「…すっかりそのままで」の意に訳します。この用法の「ながら」を接尾語とする説もあります。

7　格助詞「に」には多くの用法がありますが、その一つに、同じ動詞を重ねて意味を強める働きがあることを覚えておきましょう。ここは、「まさる」という動詞を二つ重ね、間に「に」を置いて「強まる」意を強調しています。この場合は動詞の連用形に接続します。

〈係助詞（88ページ）〉

問一解答　1　「こそ」→強意。「こそ」の結びが流れている。

2　「やは」→反語。「やは思ふ」で係り結び。

3　「こそ」→強意。「こそ…め」で係り結びであるが、さらに下に続いて強調の逆接で「構わないが」の意となる。

4　「も」「こそ」→ともに強意。「もこそ」で悪い事態を予測し、そうなっては困るという懸念を表す。また、「こそすれ」で係り結び。

5　「ぞ」→強意。「ぞ吹く」で係り結び。

考え方

1　係助詞「こそ」に対する結びが流れています。本来は「こそうれしかるべけれ。」と、助動詞「べし」の已然形で結ぶはずのところ、接続助詞「に」を使って下に続けたことによって、「こそ」の結びが消えています。

2　「やは思ふ」で、反語の意の係り結び。「やは」「かは」の形は反語の場合がほとんどです。

3　文中にある「こそあらめ」です。そこで文が終止せず、下へ続いていく点に注意。「こそ…已然形」の形で、しかも文が切れずに続いていく場合は、逆接の意になります。「よいだろうけれども・構わないが」の意。

4　「もこそ」は係助詞「も」＋係助詞「こそ」で、将来への危惧・不安を予測し、そうなっては困るという意を表します。「こそすれ」は、「こそ」＋サ変動詞「す」の已然形「すれ」で係り結びです。「高師」に「高し」が、「かけじ」に「波をかけじ」と「思ひをかけじ」の意をかけています。また「あだ浪」は、愛に誠実でない男を暗示して、表面上は波を詠んだものに見えて、実は男への恨み言を言ったものです。

5　「ぞ吹く」は、「ぞ」＋四段動詞「吹く」の連体形で、係り結び。上の句「きのふこそ早苗取りしか」も、「こそ…已然形」で係り結びの形をとっており、逆接で二句目に続いています。和歌の場合は読点が付されていませんが、現代語訳などの場合には見逃さないようにしましょう。

問二解答　「夏は大和撫子の……秋の末なれば見えぬ」「もろこしが原に、大和撫子しも咲きけむこそ」

考え方　〈現代語訳〉「もろこしが原という所も、砂が真っ白な所だが、そこを二、三日がかりで進んで行く。『夏は大和撫子が濃く薄く、錦の織物を広げたかのように咲いています。今は秋の末ですから見えませんね』と言うが、それでもやはり、所々にははらはらと花びらが散りながら、もの寂しく咲いている。『（中国という意味の）もろこしが原という所に、よくもまあ大和撫子が咲いているとは』と、人々は面白がる。」

会話部分は二か所あります。一つ目は「といふに、」とありますから、すぐに見つけることができるでしょう。二つ目は、「咲きけむこそ」とあり、「こそ」に対する結びがないことに気づくかどうかがポイントです。下に「をかしけれ」などの語が省略されているのです。「など、人びとをかしがる。」からも、その前の部分が会話とわかります。「なむ」や「こそ」の係助詞があって、その下に結びの語がないときは、「結びの流れ」か、あるいは「結びの省略」です。係助詞だけで言い差した形は、文末にも、また引用などの挟み込みの場合にもよく見られます。

また、現実にいま咲いているのに、「咲きけむ」と過去の助動詞が使われているのはおかしいように思うかもしれませんが、これは、咲き始めの盛んなさまを念頭においての言葉と考えるべきところです。話し手は旅の途中にあるわけですから、盛んに咲いている状況を見ていないわけです。

末尾の会話では、「もろこし（＝唐）」と「大和」という名前の対比を面白がっていることがわかります。そこに咲いている撫子は秋の七草のひとつ。夏から秋にかけて咲く花です。撫子には、中国から来た石竹《せきちく》という同じナデシコ科の花（＝唐撫子）もありますが、ここでの撫子は、日本古来から愛された花（＝大和撫子）で、正式には「カワラナデシコ」といいます。

問三解答　1　（私を）憎いとおうらみなさいますな。（無実の人を憎んで、）罪をお受けになっては**たいへんです**。

2　毎年同じように春ごとに咲くからといって、桜を並みのよさだと思う人が**いるだろうか（いや、いはしない）**。

3　（亡くなった人を）思い出して追憶してくれるような（人がいる）うちは**よいだろうけれども**、その人もまもなく亡くなって、

4　人間のこころ（というもの）は、素直なものではないから、偽りがないわけではない。しかしながら、まれには、正直な人だって、**どうしてなかろうか（いや、必ずやいるのである）**。

考え方　1　あまり気が進まない様子の妹へ、結婚を推し進める姉からの言葉です。係助詞「も」に、係助詞「ぞ」「こそ」がついて、「もぞ」「もこそ」となった場合には、「…すると困る・…したら大変だ」の意となることを確認しましょう。テストにも現代語訳として頻出の項目です。なお、上の「なおぼし入りそ」の「（な）…そ」は、願望を含む禁止の終助詞です。「…するな・…してはいけない」と訳します。

2　「やは」「かは」は、しばしば疑問の表現を用いて、それとは逆の気持ちを強調する反語の意を表します。ここでは「そんな人がいるわけがない」という気持ちを強調しています。

「…か、いや…ではない」と現代語訳します。

なお、ここでの「よろし」は「ふつうである・平凡である」の意。「よし」が比較を絶して本質的に良いさまに用いられるのに対して、「よろし」は他と比較して悪くないさまに用いられます。「よし」は積極的な評価、「よろし」は消極的な評価といえます。この関係は「あし」と「わろし」の関係と同様ですから、一緒に覚えておきましょう。

3　慣用句「こそあらめ」の訳し方の問題です。「こそあらめ」が文中で用いられているときには「…よいだろうけれども」、文末のときには「…がよいだろう」「…するがよい」の意を表します。

4　「などかなからむ」の「など」は疑問の副詞〈どうして〉。「か」は反語の係助詞。「なから」はク活用形容詞「なし」の未然形。「む」は推量の助動詞「む」の連体形。「か…む」で係り結び。上の「おのづから」は、ここでは「まれには」の意です。自己の意志を表す「みづから」に対して、「おのづから」は、自己の意志によらず、自然にそうなるさまを表すところから「偶然・たまたま・まれには」などの意が生じたと考えられます。

〈副助詞・終助詞・間投助詞〉（103ページ）

問一解答　1　副助詞／最小限の限定
2　終助詞／他への願望
3　副助詞／一つのものを挙げて、他のものを類推
4　終助詞／願望　5　間投助詞／原因・理由
6　終助詞／願望　7　副助詞／およその程度
8　①・②とも終助詞／自己の願望

考え方　1　副助詞「だに」の用法のうち「最小限の限定」を示す場合は、下に願望・命令・意志の気持ちや仮定を表す語を伴うケースが多いのですが、この設問の場合は「（見送り）給へ」という補助動詞の命令形が使われています。

2　ここでの「なむ」は、タ行四段動詞「待つ」の未然形に接続しています。活用語の未然形に接続する「なむ」は、他への願望を示す終助詞です。

3　副助詞「すら」の働きは、ある事物や状態を、程度の軽いものまたは極端なものとして例示し、程度の重いものや一般的なもののあることを類推させ、強調します。ここでは、聖といわれる高僧でさえ難しいのに、まして一般の人ならなおさらだ、という強調です。「すら」は上代に多く用いられましたが、中古になると「だに」が用いられるようになります。

4　「ばや」の識別（96ページ参照）は大切です。マ行上一段動詞「見る」の未然形についており、「…見ばや」という心内語の末尾にありますので、自己の願望を表す終助詞とわかります。

5　「を」には、格助詞、接続助詞、間投助詞とありますが、「…を…み」の形の場合の「を」は間投助詞（格助詞とする説

もあります）。「み」は接尾語です。間投助詞「を」は、「体言＋を＋形容詞の語幹＋み」の形で原因・理由〈…が…ので〉を表します。明日香（＝飛鳥）の地から藤原京へ都が移されたことが原因で、かつて美しい采女の袖をひるがえしていた明日香の風が、今はむなしく吹いていることだ、と嘆いています。

6　「もがな」は、終助詞「もが」に終助詞「な」がついて一語化したもので、願望の意を表します。上代の「もがも」に代わって中古以降に用いられます。「もがな」の「も」が脱落した「がな」も並用されています。

7　副助詞「ばかり」には、①限定〈…だけ・…ばかり〉、②時間・数量などのおよその程度〈…くらい・…ほど〉の働きがありますが、ここは②時間・数量などのおよその程度の用法です。副助詞「のみ」が一つに小さく限定するのに対して、「ばかり」は範囲・程度にある幅を認めて限定するという違いがあります。

8　「てしがな」は、願望の終助詞「てしが」に詠嘆の終助詞「な」がついて一語化したもの。自己の願望〈…たいものだ〉を表します。

問二解答　1　サ行変格活用動詞「す」の連用形「し」

2　強意の副助詞「し」

3　シク活用形容詞「恋し」の未然形「恋しから」の活用語尾の一部

4　過去の助動詞「き」の連体形「し」

考え方　1　「物語などして」は、「雑談などして」と現代語訳することができます。「し」がそのまま「する」と訳せる場合は、サ変動詞の「す」の連用形です。

2　強意の副助詞「し」は、多く「…し…ば」という条件を表す句の中か、もしくは下に係助詞「も」「ぞ」「か」「こそ」を伴う形で用いられます。「し」を除いて「後ろ見なければ」としても意味が変わらないところからも強意の副助詞と判断できます。

3　「恋しから」で一語の形容詞です。「し」は活用語尾の一部です。解答の際には「一部」と付け加えるのを忘れないようにしましょう。

4　「生まれ」はラ行下二段動詞「生まる」の未然形・連用形。連用形に接続する「し」は過去の助動詞「き」の連体形です。

問三解答　1　係助詞「なむ」。「なむ…ける」で係り結び。

2　完了（強意）の助動詞「ぬ」の未然形「な」＋推量の助動詞「む」の連体形。「か…む」で係り結び。

3　終助詞「なむ」（他への願望）

考え方　「なむ」の識別は大切です。接続を押さえて判断するようにしましょう。

1　ここは、体言に接続しています。また、文末が過去の助動詞「けり」の連体形で、「なむ…ける」で係り結びとなっていますから、係助詞です。

2 「なむ」が一語か二語かの判断がポイントです。ガ行上二段動詞「過ぐ」は未然・連用同形です。未然形ならば下に続く語は終助詞「なむ」。連用形ならば完了の助動詞「ぬ」＋推量の助動詞「む」と考えられますが、接続からは判断できないので文脈から判断します。ここは、完了の助動詞「ぬ」の「散り過ぐ」〈すっかり散ってしまう〉ことの強調用法と考えるべきところです。完了の助動詞「ぬ」が推量の助動詞と結びついた場合は、強意用法になります。文末の「む」は、係り結びで連体形です。

3 ここでの「なむ」は、完了の助動詞「ぬ」の未然形「な」に接続しています。未然形接続の「なむ」は、他への願望を表す終助詞です。「すみぞめの」は「くらま」にかかる枕詞。

問四解答

1 どうにかして早く京に帰りたいものだと思う心があるので、
2 もとの通り作られはしない。
3 散ってしまっても香りだけは残していってくれ、梅の花よ。
4 若の浦に潮が満ちてくると、干潟がないので、
5 私だけこんなふうに感じるのだろうか。
6 なんとかして自分の意思で死にたいものだなあ。
7 春日野は今日は焼かないでください。

考え方 1 〈現代語訳〉「男も女も（みんな）、どうにかして早く京に帰りたいものだと思う心があるので、」

終助詞「もがな」は願望〈…があればいいなあ・…たいものだ〉の意です。「ば」は已然形についていますので、順接の確定条件、原因・理由〈…ので〉の意を表します。

2 〈現代語訳〉「軒並みに壊してしまった家々は、……もとの通り作られはしない。」

「しも」は強意の副助詞。意味を強めたり、調子を整えたりする働きをします。ここでは、「もと通りには作られない」と、状態が戻らないことを強調しています。

3 〈現代語訳〉「散ってしまっても香りだけは残していってくれ、梅の花よ。恋しくてたまらないときの思い出にするから。」

最小限の限定を表す副助詞「だに」です。「だに」の後に「残せ」という命令の語を伴って、「せめて香りだけでも残してくれよ」という願望の気持ちが示されています。

4 〈現代語訳〉「若の浦に潮が満ちてくると、干潟がないので、葦の生えている岸辺を目指して鶴が声をたてて飛んでいくことだ。」

「を」は間投助詞、「み」は、原因・理由をあらわす接尾語。「…を…み」の形で「…が…ので」の意になります。「干潟がないので」と、鶴が飛んでいく原因を示しています。

5 〈現代語訳〉「確かにあった気持ちがするのは、私だけこんなふうに感じるのだろうか。」

人と話をしていると、こんな話を聞き、こんな気持ちになった経験が前にたしかあったという気持ちがするが、いつの

ことか思い出せない。こんな経験は私だけのことだろうか、と作者が人間の不思議な心理現象を述べるところです。ここでの「ばかり」は、「私だけ」と、それだけに限定する意を表す副助詞。末尾の「にや」は、断定の助動詞「なり」の連用形「に」＋疑問の係助詞「や」です。下に「あらむ」が省略されています。「私だけだろうか、他の人もそうなのかしら」という意です。

6 **〈現代語訳〉**「やはり、なんとかして自分の意思で死にたいものだなあ。」

「にしがな」は、終助詞「にしが」に終助詞「な」のついたもの。自分の身に実現不可能な変化が起こることを願う意です。副詞「いかで」と呼応し、「いかで…にしがな」で、「なんとかして…たいものだ」の意を表します。なお、「死にもし」の「も」は強意を示す係助詞、「し」はサ変動詞「す」の連用形です。

7 **〈現代語訳〉**「春日野は今日は焼かないでください。若草のような妻もこもっているし、自分もこもっているのだから。」

「な…そ」の理解を問う設問です。この「な」は禁止を表す副詞、「そ」は願望を含む禁止の終助詞です。「そ」が接続しているのは、カ行四段動詞「焼く」の連用形。このように、一般に「な…そ」は連用形に接続しますが、カ変・サ変の動詞には、「勿来（なこそ）の関」のように、未然形接続となることも確認しておきましょう。

〈総合問題（105ページ）〉

【解答】 **問一** ①尊敬の助動詞「る」の連体形　⑯⑱ともに尊敬の助動詞「る」の連用形　**問二** すぐに　**問三** イ　**問四** ア　**問五** ⑤ハ行四段動詞「候ふ」の未然形。「あり」の丁寧語　⑭丁寧の補助動詞「候ふ」の連体形　**問六** うちうちのまま　**問七** ウ　**問八** 「平宣時朝臣」が「最明寺入道」のところへ　**問九** ウ　**問一〇** 酒を飲みかわしに来ること　**問一一** 適当な酒のさかな　**問一二** 家の中　**問一三** ⑬小土器に少しついていた味噌　⑰質素であること　**問一四** 酒のさかなには十分だということ

考え方 **〈現代語訳〉**平宣時朝臣が、老後に昔話をされたときに、「最明寺入道がある晩、宵にお呼び出しになることがあったが、（私は）『すぐに（参上します）』と申したものの、（着てゆく）直垂がなくて、ぐずぐずしているうちに、またお使いが来て、『直垂などがないのではありませんか。夜のことですから、変な服装でも（かまいませんから）早く（いらっしゃい）。』ということだったので、よれよれになった直垂で、普段着のままで参上したところ、（最明寺入道は）銚子に土器を取り添えて持って出てきて、『この酒を一人で飲むのが寂しかったので、お呼び申したのです。（ところで）酒のさかながありません。召使いたちはみなもう寝てしまったでしょう。（ですから、あなたが）適当なものがあるかどうかと、どこへでも行って探してください。』と仰せがあっ

たので、紙燭をともして、隅々まで探しているうちに、台所の棚に、小さな素焼きの器に味噌が少しついているのを見つけて、『これをみつけました。』と申し上げた所、『十分でしょう。』と仰せられて、気持ちよく何杯も飲んで、いい気持ちにお酔いになられた。その時代には、こんなふう（に質素）でありました。」とお話しになりました。

＊　＊

全体が平宣時の回顧録であること、登場人物は最明寺入道と、話し手の宣時自身であることを押さえて読み解いていきましょう。

問一　「る」には、自発・可能・受身・尊敬の助動詞「る」と、完了の助動詞「り」の連体形があります。自発・可能・受身・尊敬「る」の場合は未然形接続。完了「り」の場合、サ変動詞には未然形接続、四段動詞には已然形接続となります（『り』はサ未四已〈さみしい〉を思い出しましょう）。

①が接続する「呼ば」は。バ行四段動詞の未然形ですから、ここでの「る」は、自発・可能・受身・尊敬となります。「れ・れ・る・るる・るれ・れよ」と活用します。四種類の用法がありますが、語釈を参考に、最明寺入道が宣時の主筋にあたる人と見当をつけ、「尊敬」と判断します。平宣時から最明寺入道への敬意。活用形は下に「事」という体言がありますから連体形です。

⑯は、「入ら」（ラ行四段動詞未然形）に接続していますので尊敬の助動詞「る」。「侍り」という用言に続いていきますので連用形。平宣時から最明寺入道への敬意。

⑱は、「申さ」（サ行四段動詞未然形）に接続していますので尊敬の助動詞「る」。下に連用形接続の過去の助動詞「き」がありますので連用形となります。地の文ですから、作者から平宣時への敬意です。

問二　「やがて」は、「そのまま・すぐに・ほかならぬ」の意の副詞です。

問三　「ながら」は接続助詞。ここは逆接の確定条件「ものの・けれども」の意。

問四　「とかくせしほどに」は、「あれやこれやしていたうちに」の意。宣時が着て参上するのにふさわしい直垂がなくてぐずぐずしている状態ですから、アを選びます。「とかく」は副詞。「せ」はサ変動詞「す」の未然形。「し」は過去の助動詞「き」の連体形。

問五　「候ふ」には、謙譲の動詞として「お仕え申し上げる・お側に控える」、丁寧の動詞として「あります・おります・ございます」、丁寧の補助動詞として「…ます・…（で）ございます」という三つの働きがあります。

⑤「候は」は動詞「あり」の代動詞。丁寧語。下に未然形接続の打消の助動詞「ず」の連体形「ぬ」がついています。

⑭ここでの「候ふ」は、本来の動詞としての「あり」の意味は薄れ、「求め得る」という言葉に丁寧の意を添えている

だけの働きをしています。「これぞ求め得たる」を丁寧語にしたもの。係助詞「ぞ」の結びで連体形です。

問六 「ことやう」は漢字表記すると「異様」。「ことやうなりとも」は「たとえ異様な姿であっても」の意。ここは、目上の人に目通りするときに着るようなきちんとした直垂ではなく、「うちうちのままにて」〈普段着のままで〉参上すること。「とも」は逆接の仮定条件の接続助詞。

問七 この後の文脈をたどると、「銚子に土器とりそえてもて出でて、『この酒をひとりたうべむがさうざうしければ、申しつるなり。』」とあります。最明寺入道が酒の相手を待ち望んでいたことが読み取れますから、ウの「参上しなさい」を選びます。

問八 「まかりたりしに」の「まかる」は、会話用語として「行く」「来る」「帰る」の意味に用いられる丁寧語です。平宣時が最明寺入道に呼ばれて「参上したところ」の意になります。

問九 「たうべむが」の「たうぶ」は「食《た》ぶ」と同じ。「食う・飲む」の謙譲語・丁寧語です。ここは「酒を飲む」こと。「む」は推量の助動詞「む」の婉曲用法。「が」は主語を表す格助詞。

「さうざうし」は「寂しい」「物足りない」の意。

「つれづれなり」は、なにが不足ということはないがもの寂しい意を表します。それに対し、「さうざうし」は、その寂しさの理由があって寂しいことをいいます。ここは、酒の相手のない寂しさのこと。

問一〇 「申しつるなり」は「申したのです」の意。何を「申し」たのかは、文脈から、酒を酌み交わすために参上することと想像できるでしょう。

問一一 「さりぬべきもの」とは「しかるべきもの・適当なもの」の意。前の行に「肴こそなけれ」とありますから、「酒のさかな」のことだとわかります。

問一二 「いづく」は「いづこ」と同じ。場所についての不定称の指示代名詞です。「どこ」の意味。「いづくなりとも」は「(家の中の)どこへでも行って」の意になります。

問一三 ⑬「これ」は近称の指示代名詞です。傍線部の少し前に「小土器に味噌の少しつきたるを見出でて」とあります。

⑰「かく」は「このように・そのように・こう」という意の副詞です。平宣時の回顧談が、直垂や酒のさかなを材料として、最明寺入道主従の質素な生活ぶりを伝えていることを読み取りましょう。

問一四 「事足りなむ」の「な」は完了の助動詞「ぬ」の未然形。推量の助動詞と結びついて強意用法となります。「む」は推量の助動詞。「これで十分であろう」の意です。酒のさかなとして、台所にあった少しばかりの味噌だけで十分と言う人物が、時の最高権力者であった最明寺入道なのです。話し手自身(平宣時朝臣)の言葉に「その世にはかくこそ侍りしか」〈その時代には、こんな(に質素)でありました〉とありますが、それはまた作者・兼好法師の感想でもあるのでしょう。